不倫手記
劇漫編集部 編
肉棒懇願妻の愛液洪水告白

第一章 己の肉欲が招いた、それぞれの結末とは……

淡い恋心を抱いた思い出の相手がマルチの男になって

劇漫スペシャル編集部特別取材班編

第二章　騙し騙され、それでもカラダは求め合う……

第三章

日常の中で残された、荒ぶる性体験の記憶

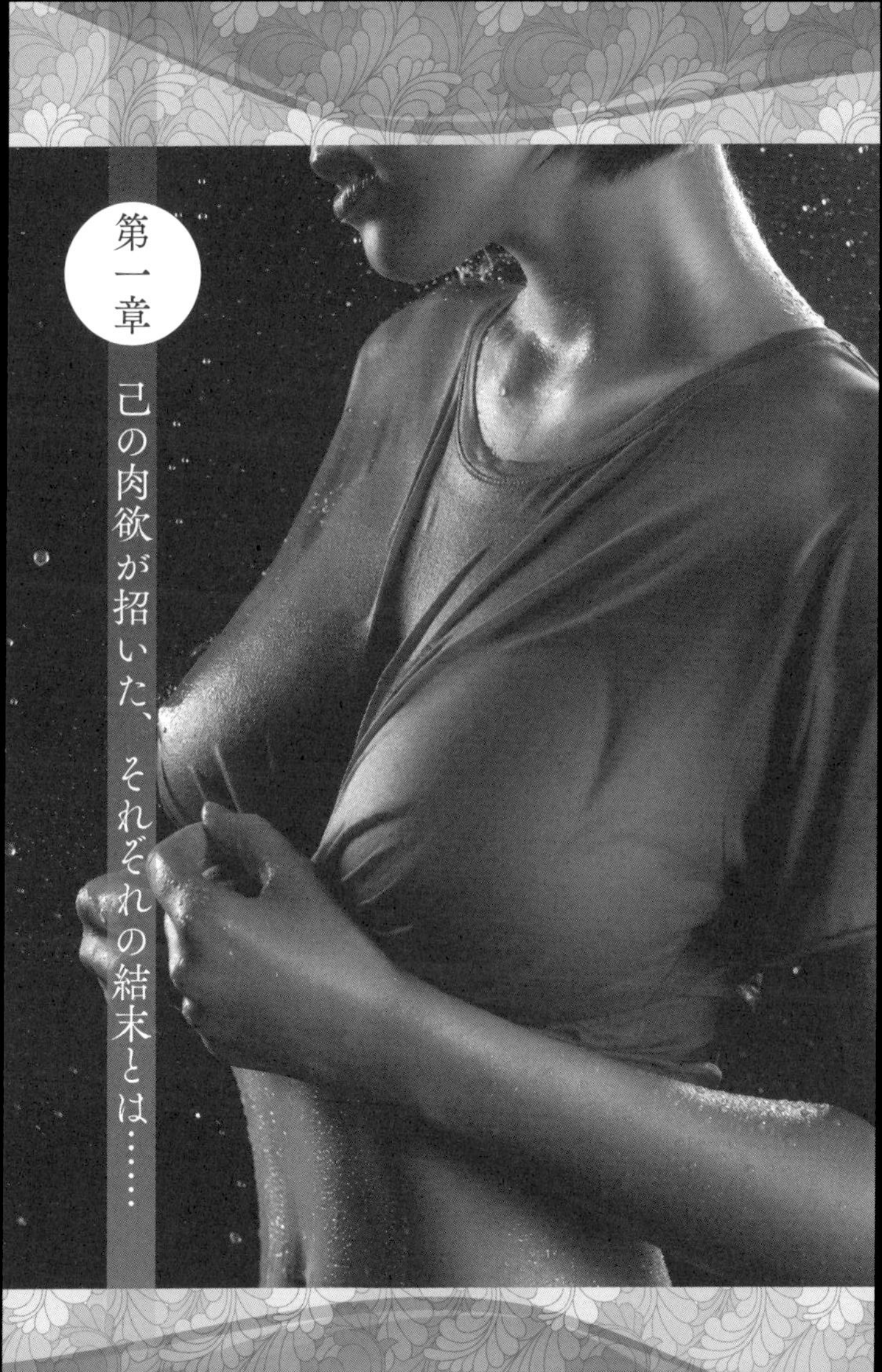

第一章

己の肉欲が招いた、それぞれの結末とは……

●二人は硬直したまま動かない。頃合いを見計らって、事務長が声をかけた……

崩れ落ちる運命を携えた、肉欲の上に建つバベルの塔

【告白者】佐藤勝雄（仮名）／58歳（取材当時）

東京近郊・S県T市にある、その市の名前を病院名につけた「T総合病院」が倒産したというニュースは、当時、かなり大きく報道されたので、あるいはご記憶の方がいらっしゃるかもしれない。T市の名前がついているから、てっきり公立の病院だと思い込み、倒産が報じられるまで私立とは知らなかったという患者も多いという。

T病院は、9階建て、病床数300余りという、その地域でも最も大きな病院であり、患者は引きも切らず、産婦人科・小児科から内科・外科はもちろん、歯科までをも備えるという地域の総合医療センター。その大病院がなぜ……と、不思議がられたものである。

もっとも、地域の患者たちにとってはたまったものではない。連日、路頭に迷う患者たちの姿などが報道され、結局は財政難に悩むT市が公金を投じ、市立病院として再開されることになった（現在は、かつてここが私立の病院だったことや、倒産・再

開を巡って大変な騒ぎがあったことなど、まったく知らない患者も増えて来ているという)。

倒産の原因に関しては、院長のワンマンによる「乱脈経営」と報じられた。表面的にはそれで間違いがないのだが、当時、事件を取材した私は、その裏に隠された院長の「ある事情」を耳にして、その線での調査を進めた。すると、とんでもない実情が浮かび上がって来たのである。

ところが、関係各方面への取材を進め、ようやく裏付けが取れた頃には、もうこの事件はニュースの表舞台から姿を消していた。残念ながら、この真実の「T病院物語」は、これまでどの媒体にも報道されることがなかったのである。

ただ、ニュースの裏に埋もれさせてしまうには、もったいないような話であり、あるいは本誌の読者なら興味を持たれるかもしれない。編集部の依頼により、当時の取材メモを元に、事件を再構成してみようと思う。

「乱脈経営」の主人公、T病院の佐藤勝雄院長(54＝当時、仮名)は、典型的な「二代目」だった。勝雄院長の父である正三郎理事長(78＝当時、仮名)は、立志伝中の人物。まだまだ人家もまばらだったこの地域が、新しい鉄道の開通により飛躍的に発展することを見越し、田んぼの真ん中に3階建ての病院をいち早くオープンしたのである。

開業当時は「こんな田舎でいったい何を考えているのか……」と笑われたそうだが、その先見性は正しかった。T市はほどなく東京のベッドタウンとなり、田んぼが次々にマンションに変わっていくのにつれ、T総合病院もどんどん大きくなっていったのである。

病院が日の出の勢いで発展していくのと並行して、勝雄も成長していった。正三郎は勝雄が小学校に上がらないうちから「この病院はお前が継ぐんだ」と言い聞かせて育て、勝雄も何の疑いもなく、私立の付属高校からその大学の医学部へと進んだ。

子供の頃から「坊ちゃん、坊ちゃん」とチヤホヤされて育てられた勝雄にとって、病院の中すべてが遊び場だった。看護師の控室もまた然り。年端もいかない頃から、彼はうら若き女性たちが私服から制服へ、また制服から私服へと着替える様子をごく自然に観察しており、「女性はいいニオイがするものだなあ……」と憧れていたという。

当然の事ながら、彼の童貞を奪ったのも、イタズラ好きな看護師。彼が中学1年の時だったという。それから彼は次から次へと看護師に手をつけ、育ち盛りの欲望を満たすようになっていったという。それでも、学業は優秀であり、医師への道を着々と歩んでいたため、親は見てみぬふりをしていた。

彼にとって、女性は、ほとんど「欲望を満たす対象」でしかなかったのだが、そんな彼が初めて恋をしたのは大学3年生の時。肉体に関してはかなり早熟だったが、恋愛に関しては奥手だったのである。相手は、やはり、T病院で働く看護師の水原淳子（仮名）だった。

水原淳子は、当時28歳。女優・烏丸せつ●に似たグラマラスな美女で、患者からも抜群に信頼されていた。そんな彼女のオトナの魅力に触れるにつけ、勝雄はそれまでの「看護師食い」から少し距離を置くようになり、いずれは彼女と所帯を持ちたい……と思うまでになっていた。彼女の方でも、子供の頃から知っている勝雄の成長を眩しく眺めていた。

ところが、そんな二人の淡い関係に気づいたのか、勝雄の父・正三郎が淳子に縁談を進めた。年が明けると三十路、両親からも早く結婚するように……と口を酸っぱくして責めたてられていた彼女は、とうとうこの話を断りきることができなかったのである。

淳子の最後の夜勤の日、勝雄はナースステーションへ出向いた。

「あら、勝雄くん……どうしたの？」

淳子は、いつもと変わらぬ笑顔で笑いながら「ちょっと散歩に行きましょうか……」

と、勝雄を誰もいない病室へと誘った。

「明日、やめちゃうんだよね……？」

「そうよ。寂しい？」

「…………」

「ねえ、勝雄くん、私のことが好きなんでしょう？　ね？　私も、好きよ、貴方のこと、とっても……」

勝雄は顔を真っ赤にして何も言えなかった。

「貴方があと……10歳年上だったらね。私、きっと、貴方と結婚したかも」

「10年、待ってくれないの」

「女もね……この年になると、周りがいろいろうるさいのよ。貴方にはわからないだろうけど」

そう言うと彼女は、白衣のボタンを静かに外し始めた。子供の頃は何とも思わなかった成熟しきった女体の見事な曲線が、今の彼にとってはとてつもない刺激だったのだ。

「今夜だけ……。私を貴方の……奥さんにして……」

耳もとで囁かれると、勝雄の興奮はもうピークに達していた。彼は夢中で、淳子の豊かな胸にむしゃぶりついた。

「焦らないでいいのよ……ゆっくりね……」

淳子は、勝雄のズボンを脱がせ、トランクスの中に手を伸ばした。

「ああ……私が最初にこの病院に来た時は、まだ毛も生えてなかったのに。こんなに立派になって」

「淳子さん……」

彼は無我夢中で淳子の下着を取り去り、見事な裸体を脳裏に焼き付けようとした。せっかく愛し合っていることがわかったのに、これが最後だなんて……。

怒張しきったペニスを挿入されると、淳子もまた、年下の男に一途な愛がもたらす快感にすぐに絶頂に達した。

「ああ、ああ……勝雄くん……」

「淳子さん……」

勝雄は最後の瞬間をできるだけ引き伸ばそうとした。しかし、若く欲望に満ちた青年にとってそれは無理なことだった。彼は小さく呻いて彼女の中で果てた。二人の結合はごく短い時間だったが、しかし、二人にとってはそれは永遠にも等しい長い時間だったのである。

結局、あの時、オヤジが俺から淳子を取り上げなければ、俺がこんなにも女に夢中になることもなかったかもしれない……と、後に勝雄は自嘲気味に私に語った。

淳子と別れた心の隙間を埋めようとしたのか、それから程なく、勝雄は学生時代に最初の結婚をしている。相手は同じ医学部の女子学生で、ご多分に漏れず、彼女が妊娠してしまったのが原因だった。

相手も女医の卵ということで、正三郎は目立った反対をしなかった。しかし、後から分かったことだが、この最初の妻は、もともとT病院の御曹司ということで、勝雄に接近してきたのである。二代目の妻の座に収まった途端、彼女は勝雄に対し極端に冷たい態度を取るようになった。めでたく男の子が生まれた後は、勝雄と同衾することすら拒絶したのである。

「セックスしたいのなら、そのへんの看護師でも相手にしたらいいじゃない……」

大学の教室の片隅で、あんなに熱心に勝雄のペニスにむしゃぶりついていた淫乱女の面影は、すっかり消え失せていた。彼女にとって必要だったのは、愛情でも快楽でもなく、勝雄の血筋を引く子供だったのである。もしも、最初の子供が女の子だったなら、あるいは二人の間はもう少し長続きしたかもしれないが……。結局、二人が華々しい華燭の典を挙げて以降、体の交わりは一度もなかったという。

勝雄は一刻も早く、この不毛な結婚生活にピリオドを打ちたかったが、相手はなかなか離婚に応じようとしない。そうこうするうちに、彼は、看護学校を出たばかりのピチピチした看護師と関係を持ち始める。この看護師・溝淵ゆかり（仮名）は、最初の妻とは違って、ポーズではなく、本当の淫乱だった。彼女には、「身分違い」の勝雄と家庭を持つなどという気持ちは毛頭もなく、ただただ刹那的な快楽に酔えればそれでいいという、そんな男性にとっては理想的な「浮気相手」。

勝雄もまだ学生、二人はありとあらゆる場所で相手を求め合った。一度など、彼女は霊安室で彼を求めてきた。

「こ、こんな場所で？」

「怖いの？」

「いや……怖くはないけど……」

「私ね……ヘンな話、患者さんが亡くなると、たまらなくアソコが疼くのよ……ほら……」

ゆかりは、勝雄の手を握ると、自分の性器へと導いた。ひんやりとしたその部屋の中、さっき亡くなったばかりの死体のすぐ脇で、彼女のそこは暖かく湿って、生命の力に満ちていた。勝雄はあっという間に勃起すると、ゆかりの白衣をめくり、ストッキングをずり下げるのももどかしく、後ろからググ……と挿入していった。

「ああ……気持ちいいわ……」

「感じてる？」

「凄い、感じてるゥ……。ねえ、生きてるって素敵よね」

「ああ、素敵だ……」

「こんな楽しいこと、生きてなきゃできないのよ」

その通りだ、と勝雄は思った。あの地獄のような妻から何とか逃れて、好きなだけ女とヤリまくろう……と。勝雄はゆかりの、大きく真っ白な尻に、連日の行為ですっかり透明になった薄い精液をぶちまけた。

しかし、実はこれこそ、妻の待っていた事態だった。彼女は「浮気」をネタに、莫大な慰謝料を請求してきたのである。息子という「人質」を取られている以上、佐藤家としてはどうしようもなかった。

5年後……。

勝雄はようやく国家試験に合格し、晴れて医師免許を手にすると、二代目として病院に戻ってきた。

そしてこの頃、彼は二度目の結婚をしている。最初の結婚がかなり苦い経験だったため、二度目は父・正三郎の勧める、その地方の代議士の娘と、半ば見合いのような形での結婚だった。

結婚してみて分かったことだったが、この二番目の妻・幸枝は、とんでもない遊び人だった。それこそ勝雄といい勝負で、結婚式前日まで他のＢＦと遊び回っている始末。新婚旅行から帰ってくると、ほとんど家に居着かず、やれ旅行だ、買い物だ……

と、遊び回っている。

「私も遊ぶから、貴方も好きなだけ遊んで。二人で夫婦って形にしておけば、うちのパパも、貴方のお父様も安心するんだから……」

幸枝は実にサバサバしており、こういう妻なら勝雄も気楽だった。また、もともと自分で株式を持っており、さらに投資信託などでも数千万単位の利益を手にしているので、佐藤家としても自分の懐が痛むわけではなく、願ったりかなったりの嫁だったのである。

しかし、だからといって、勝雄自身の心の（そして体の）空白が埋まるというわけにはいかなかった。たまたま幸枝が家にいれば、夫婦でセックスに興じることはあっても、勝雄が「欲しい……」と思った時に彼女がそこにいるという機会は、めったになかったのである。

父・正三郎が引退し、勝雄が名実共に二代目院長となってからは、お目付役がいなくなったため、やりたい放題。T総合病院は勝雄の巨大なハーレムと化した。この頃、時を同じくして、創業以来病院に尽くしてきた古参の医師や看護師、さらに事務長などのスタッフが次々に辞職している。財政的にも実権を握った勝雄には、もう誰もストップをかけることができなかった。

といって、彼がめったやたらに金を使いまくった、という訳でもない。勝雄は、医師としての評価は高く、どんな患者にも分け隔てなく暖かく接し、「二代目にしては名医」とT市でも評判のドクターだった。だからこそ途中で誰も気づかず、結局「倒産」に至ってしまったとも言えるのだが……。

すると、彼は何をしていたのか？

経営的な意味から言えば「何もしていなかった」というのが正しい。

本来であれば、院長たる者、経営的な戦略を練ったり、病院の外に出てさまざまな「付き合い」をこなしていかなければならない。彼の父、初代・正三郎は、そうした点において非常に「マメ」であり、地元財界にも顔が広かった。結局の所、正三郎は、そうした「政治的」な動きが、もともと好きだったとも言える。

ところが、勝雄は違った。彼は、経営に割くべき時間帯に、常に女の尻を追いかけていたのである。

勝雄が根本的に分かっていなかったのは、T総合病院が彼にもたらす富は、すべて病院の日々の診療から生まれるもの……、と考えていたところだ。誠実にきちんと日々の診療さえこなしていれば、後は若い女とベッドで楽しんでいてもいいだろう、と彼は考えていたのだ。実際、T総合病院の患者は、増えることはあっても、減ることはなかった。

しかし、いくらでも金を払ってくれる優良な顧客を獲得するためには、金持ち相手の日常的な付き合い……ゴルフやクラブ通い……が欠かせない。そうした目に見えない部分から、病院の経理はどんどん悪化していった。

本来なら、勝雄の行動に口を出すべき事務長も、勝雄に輪をかけた遊び好きであり、極限まで遊んで、それで病院が潰れたらそれはそれで仕方がない、という恐るべき考えの持ち主だった。勝雄が病院の危機に気づくことは、実際問題、不可能だったと言えよう。

倒産前、勝雄が最後に夢中になっていたのは、人妻である女医の萩原明美（仮名）だった。明美は30代前半の髪の長いクールな美女で、診察中は髪をアップにまとめているのだが、いざベッドとなると、ピンを外して長い髪がバサッと翻る。それと同時に、それまでの冷たい感じがスーッと消え失せ、情熱的な淫乱女へと一変するのが、勝雄はたまらなく好きだった。

いよいよ病院がもうどうしようもない……というその時も、勝雄は病棟の空き部屋で仰向けになり、彼にまたがった明美が腰を前後左右に激しくスライドさせ、その豊かな髪と胸を好きなだけ振り乱している様を楽しんでいた。

「ああ、いいわ、いいわ……」

「本当に君は好きだね、萩原君」

「うふふ、院長もご存じでしょう……女医はみんな、淫乱よ」

「そうだな……ピンクの乳首の女医なんて見たことないよ。みんなこんな風にどす黒いんだ」

勝雄は手を伸ばし、明美の焦げ茶色の乳首を指で弾いた。

「嫌だわ……私だって昔はピンクだったのよ」

「信じられないな」

「もう……イジワルなんだから」

そう言うと明美は、勝雄を咥え込んでいる膣にクイクイ……と力を込めた。

「おいおい……乱暴するなよ。イキそうになっちゃったじゃないか」

「うふふ……これくらいでどうこうする院長じゃないでしょう……」

「違いないね……」

勝雄は上体をすっくと起こし、今度は明美を仰向けに寝かすと、正常位でグイグイ……と体を動かし始めた。仰向けになってもその豊かさがわかる巨乳がリズミカルに揺れる。

「ああ……いいわ……イッちゃいそう……」

「だらしないね」

「女はいくらでもイケるのよ……ああ、いいわ、いいわ……」

その時、病室のドアがドンドン！　と激しくノックされた。外から、事務長が大声で叫んでいるのが聞こえる。

「院長！　院長！」

勝雄はお構いなく腰を振り続ける。明美もまったく感知せずに体をのけぞらせる。

「いるんでしょう、ここに！　入りますよ、緊急事態なんです」

事務長が合鍵を使って中に入ってきた。勝雄も明美も、行為を中断する気などさらさらない。むしろ、こうしたハプニングすら快感のスパイスへと変えてしまうのが、彼らの恐るべき所であった。

「院長！」

つかつかと近づいてくる事務長を尻目に、明美は絶頂を迎えようとしていた。

「ああ、ああ、イクわ……」

「よし、俺も……あ！」

勝雄は渾身の力を込めて明美を貫き、その体内へと精液をぶちまけた。5秒、10秒……二人は硬直したまま動かない。

頃合いを見計らって、事務長が声をかけた。

「院長……」

「どうした、こんな所へ」

「病院が潰れました。いま外に債権者が押しかけてます。今月分の給料を支払う金もありません」

「何!?」

実態は正に「乱脈経営」だった。誰も経営のバランスに気を配っていないのだから、それも無理はない。事件は大きく報道され、矢面に立たされた勝雄は「私の不徳の致すところで……」と記者会見で頭を下げた。正に「不徳の致すところ」としか言いようのない倒産劇であった。

しかしこうなると勝雄は潔かった。これもボンボン育ちのなせるワザ、と言えばいいのだろうか。市内の広大な邸宅を売却してほぼ借金を完済し、一医師として再出発することになった。不幸中の幸いというべきか、創業者の正三郎は、既に2年前に他界していた。

関係各方面への取材を終えて、最後に勝雄に会って話を聞いたとき、私は彼が妙に幸福そうなのを不審に思った。

「それでも、なんだか幸せそうですね?」

そう見えますか……、とそろそろ初老の域に脚を踏み入れつつある男はにっこり笑った。

二番目の妻にも去られ、財産も失い、ある意味不幸のどん底にいる筈の彼だったが、なんと現在は夫と死別した初恋の女・淳子と共に暮らしているとのこと。

「あの時、彼女と結婚できていれば、今、こんな風にはなっていないかもしれません。でも、今は……そう、幸せです」

好きなように記事を書いてくださって結構です……と笑いながら、勝雄は私の前から去っていった。

●お母さん……こんな素敵なこと、毎晩、お父さんにしてもらえるなんて……許せない

体を貪り合う両親の姿、娘はそれを見て大人になった

劇漫スペシャル編集部特別取材班編

「こうか、こうか……」
「そうよ、そこ……ああ、あんた、いいわぁ」
「こっちは……どうだ……」
「そこも……いいわ、たまんないわ……」
「ああ……」

不用意な両親が、子供が見ているのも気づかずに、淫らな快楽に耽っている。こんな場合、大概の子供は、嫌悪感を覚えるものだというが、三原幸子(仮名)の場合は違っていた。当時、小学校6年生だった彼女は、襖の隙間からそんな両親の痴態を覗き見て「とてつもない興奮を味わい」、そして「私もお父さんとあんなことをしてみたい……」と、その時感じたのだという。

もっとも、彼女がそんな風に考えるのも仕方ない……と思える事情もあった。実は、その時肉の悦びに耽っていた男性、三原進一は幸子の実の父親ではなかった。母、安江が再婚した相手だったのである。安江には、それまで何度も再婚の話があったのだが、幸子が納得しなかったため、なかなか話が進められずにいたのだ。

もう、今度の人がダメなら、一生娘と二人で暮らすしかないかも……そう思って、子連れで見合いの席に臨んだ相手が、進一だった。進一は安江よりも2つ年下で、当時まだ32歳という若さ。中学校で体育の教師をしているだけあって、鍛えられた肉体は魅力的なものだったし、顔もまずまずの二枚目。幸子は一目見ただけで、進一が気に入り、安江に「お母さん、結婚しちゃいなよ」と大ハシャギで言った。安江も、男性的な魅力に溢れた進一を好ましく思い、それまで何度見合いしても破談になっていたのが嘘のように、とんとん拍子に話は進められた。もともと、幸子は、一人の女性として、進一に恋愛感情を抱いていたものと思われる。

進一の方でも、事情は同じだった。まだ34歳という年齢で、匂い立つような熟女の魅力に溢れた美しい安江。そして母親に似た整った顔立ちと、まだ小学生なのに濃厚な女性を感じさせる早熟な美少女・幸子、この二人に囲まれて暮らせるというのは、男性にとっては至福の状況である。進一の方でも、明確に意識こそしていなかったものの、幸子を好ましく思っていたことは確かだった。

「ああ……締まる……たまんねえ……」
「進一さん……ああ……素敵」
「安江……イク……イクぞ……」
「ああ……頂戴……もっと……うう……」

ぴくり、と義父の逞しい背中が一瞬のけぞったかと思うと、動きが止まった。中から聞こえてくるのは、ケダモノのような牡と牝の激しい喘ぎだけ。すっかり興奮してしまった幸子は、自らの指を股間へと滑らせ、そこがしっとりと濡れるのを確かめていた……。

6年の月日が流れ、幸子は高校を卒業して、地元の大学に入学。進一と安江は相変わらずの仲睦まじい夫婦ではあったが、そこに成長した娘が微妙な影を落とすようになっていた。幸子は、中学生、高校生と成長するに従い、ボーイフレンドと付き合った時期もあったようだが、身近に「初恋」の相手である義理の父親がいる以上、世慣れない「子供」は、恋愛対象として物足りなかった。

そして、ある暑い夏の夜……。

その日、安江は実家の母の具合が悪いということで、泊まりがけで看病に出かけていた。進一は美しく成長した義理の娘の肢体を、妻に遠慮することなく眺めながら酒を飲んでいたが、何気なさを装った幸子の一言に、ドキリとさせられることになった。

「お父さん……私のこと、好き?」

「え?　そ、そりゃ、いくら義理の仲とはいっても娘だからな……」

「そんなことじゃないの。……義理の仲、ってことは、何をしてもいい……っていうことじゃない?」

「さ……幸子……」

「私、知ってたわ。お父さん、初めて会った時から、私のこと、とってもいやらしい目で見つめてた」

「い、いや……そんな……」

「いいのよ、恥ずかしがらないで。私も、あの日からずっと、……お父さんのこと、好きだったの。でも、お母さんも、お父さんのこと、大好きだから……一生懸命ガマンしてた。だけど、もう、ダメ。ねえ……お父さん……本気で答えて。私のこと、好き？もし、嫌いって言われたら、これであきらめる。二度と言わない。仲のいい親子でずっと過ごしましょう。でも……そうじゃなければ……」

幸子は進一の目を正面から見つめた。

「私のこと……好き？」

進一はもう自分を押さえることが出来なかった。そのはちきれそうな若々しい肢体を、彼は思いきり抱き締めて言った。

「好きだよ……大好きだ」

我慢しきれなくなった進一は、その場で幸子を押し倒した。ブラジャーをはぎ取ると、中から飛び出した若々しく盛り上がった乳房を激しく揉みしだいた。

「柔らかい……」

「痛い……ねえ……優しくして」

「初めて？」

「うん……私、初めて会った時から、ずっと、ずっと、お父さんが大好きだったから……どんなに他の人に誘われても、……したことなかった。でも夢がかなったの、ねえ、お父さん」

「何だ？」

「私を……女に……して」

　その囁くような言葉に、進一はすっかり怒張しきっていた。いつも想像していた、服の下の若々しく豊満な肉体が、今、目の前にあり、そしてこれから一晩かけ、じっくりとその味を試すことが出来る。

「最初は痛いかもしれないが……すぐによくなるからね」

「……うん」

　進一は幸子の服をすべて脱がせ、全裸にさせると、その股を大きく開いて顔を埋め、秘壷をペロペロと舐めた。若い女性特有の、何とも言えない香りが進一の鼻腔を満たしていく。

「気持ちいいか……?」

「うん……ああ、うらやましい」

「何が」

「お母さんよ……こんな素敵なこと、毎晩、お父さんにしてもらえるなんて……」

十分に濡れてきたところで、進一は幸子の手を取り、自らの肉棒へと導いた。

「触ってごらん……」

「大きい……何だか怖いわ」

「大丈夫、誰もが通る道さ……」

進一は幸子の両脚を抱え、ピンクの裂け目を前に持ってくると、その中央目がけて、少しずつ肉棒を進めていった。濡れているとはいえ、処女である。用心しながら、少しずつ前へ進んでいくと、驚くほどのキツい締め付けがあり、不覚にも達しそうになってしまったほどである。

「凄いな……幸子……お前、ものすごく素質があるぞ……」

「だって……あのお母さんの娘だもの……あ……痛い……」

幸子は苦痛に身をよじる。しかし、もう後戻りはできない。毒を食らわば、皿までだ……と、進一は膣の奥へ、奥へと肉棒を押し込んでいき、そしてすっかり収まったところで、腰をクイ、クイ……と静かに揺さぶり出した。

「お父さん……ああ……お父さん……」

「幸子……幸子……」

「ねえ……気持ちいいよ、私……痛いけど、やっと、お父さんとこんなことができたんだもの……」

「ああ……お父さんも……最高だよ……ああ、もう……イキそうだ……」

「大丈夫よ、中で出しても……」

「お、お前……」

「平気な日なの、今日は」

「あ……そ、そうか……い、イクぞ……」

「お父さん……」

「幸子……」

「大好き……」

「あ……！」

進一の背骨を快感が走り抜け、大量の精液が幸子の膣内へ注ぎ込まれた。長年の思いが叶えられた幸子の頬を、ツーッ……と一筋の涙が伝った。

幸子は母親と同じく、肉の悦びの虜となり、時間さえあれば進一の愛情をせがんだ。進一もまた、若い肉体の誘惑には勝てず、妻の目を盗んでは義理の娘との性愛に現を抜かすようになっていった。

しかし、いくら慎重に事を運んだところで、安江が気づかずにいるのは無理というものだった。それまでは毎晩でもおかしくなかった夫婦の交わりがせいぜい週に一度となり、安江がせがんでも「疲れてるから……」と進一が拒絶するようになった。また、娘が夫を見る目、反対に夫が娘を見る目も妙だ。どう見ても親子のそれではなく、愛し合う男と女の視線の絡み合いなのだ。

(もしかして……)

安江は湧き上がる不安を消そうとした。

(でも、そんな……いくら義理の仲とはいえ、親子なんだから……)

ありえない。普通に考えれば、そんなことは絶対にないはずだ。でも……。安江はどうしても不安を打ち消すことが出来ず、思い余った挙げ句、一つの「賭け」に出た。

　それ以来、二人の行動がなんとなく怪しくなった、あの夏の日と同じく「実家の母が具合が悪いから泊まりに言ってくる」と告げて家を出て、夜中に戻ってみることにしたのである。


　夜、11時……。

　安江は静かに自宅のドアを開いた。どこかからか低く、激しい息遣いのようなものが聞こえてくる……。嫌な予感がした。そして寝室へ近づくにつれ、疑惑は確信へと変わっていた。

（ああ、やっぱり……）

　ガチャリ、とドアを開けると、仰向けになった夫の股間に、娘が屈み、屹立したペニスをペロペロと舐め上げている所だった。

「あなたたち……」

　部屋の中に凍りついた空気が流れた。

「どういうつもりなの……」

するると、驚いたことに幸子はその場から離れ、全裸のままで安江を真っすぐ見つめ、つかつかと歩み寄ってきた。

「お母さん。もう、どうしようもないわ。私、お父さんのことが好きなの……」

「何バカなこといってるの！　そんな……父と娘でこんなこと、許されるわけがないでしょう……」

「だって私たち……血がつながってないのよ。お互いに愛し合っていれば、何をしてもいいはずだわ」

「ダメ、絶対に！　あなたにだけは渡さないわ！」

「お母さん、もう、あきらめて……誰が考えたって、40近い女より、ハタチそこそこの女子大生の方が勝つでしょう……」

「なんですって……ねえ、あなた、黙ってないで何とか言いなさい」

「い……いや……そ、その……」

しどろもどろになるばかりの夫を尻目に、安江は幸子をきっぱりと見据え、冷たく言い放った。

「あなたにはどうすることもできないわ。私はこの人と別れるつもりはありません。

考えてご覧なさい。この人は中学校の教師なのよ。いくら義理の仲とはいえ、実の娘と毎晩のように愛欲に耽っていたなんて……そんな話が洩れたら、もう仕事なんかできやしない。あんた達は、別れるしかないのよ。とにかく自分の部屋に戻りなさい。そして、荷物をまとめて、明日、出てって」

「わかったわ……」

幸子は母に命じられるまま、いったんはその場を立ち去った。しかし、心の中では母に対する激しい憎悪がメラメラと燃え上がっていた。

（あの女さえいなければ……そうよ、あの女さえ……）

幸子は後先考えず、自分の机の引き出しからカッターナイフを取り出すと、夫婦の寝室へ取って返した。そしてドアを開けると、全裸の進一を見下ろすように立っている安江の脇腹に向けて突進し、ナイフを突き立てたのである。

「さ……幸子……」

安江の白いブラウスに、みるみるどす黒いシミが広がっていった……。

進一は慌てて119番に電話、安江は病院に運ばれたが、出血多量のため間もなく息を引き取った。幸子は逮捕され、裁判の結果殺人罪で刑務所に送られた。

事件が公になると、当然のように進一は教壇を去ることになった。つてを頼って隣県でガードマンの仕事に就いたが、ほどなく、身元が割れて解雇され、その後の行方は杳として知れない。

一方、幸子は模範囚として8年ほど服役した後に出所。所内で仲良くなり、先に出所していた友人のところには、北海道に渡ってススキノで働き始めたという便りが届いたが、やはりその後のことはわからない。

二人はどこかで巡り会い、肩を寄せ合って暮らしているのか、それともまったく別々の生活を送っているのか？

いずれにしても、二人はともに、重い十字架を背負いながら、日々を暮らしていることだけは確かであろう。

●醜悪な香りの漂う精液を精一杯の笑顔を浮かべながら、ぐ、ぐ、ぐとそれを飲み干した

政界をも巻き込んだセックススキャンダルの顛末記！

劇漫スペシャル編集部特別取材班編

その大規模な管理売春事件が明るみに出たのは、ほんのちょっとしたきっかけからだった。もし、そこで組織の存在が知られることがなかったなら、もしかしたらこの事件は誰も知らない間に始まり、そして知らない間に終わっていたかもしれない。

そのきっかけとは……。

現職のＫ県知事が、汚職の疑いで逮捕された事件は、ご記憶の方も多いと思う。その公邸に捜査の手が及んだ際、書斎に残されていた一冊のアルバムに捜査員が偶然気づいたことにあった。

「鳩の会　会員名簿　極秘」

何気なくページをめくった捜査員は驚いた。アルバムに挟み込まれていたのは、名前を挙げれば誰もが知っている美人女優を始め、歌手、バラエティアイドルなど、芸

能界を代表する女性タレントたちの写真だったからだ。それだけならどうということもないのだが、問題は、彼女たちのほとんどが下着姿、中には一糸まとわぬ生まれたままの姿を晒していたことだった。芸能界、そして政財界を巻き込んだ、大規模な売春スキャンダルの臭いがした。

事が事だけに、捜査は慎重を期して進められた。すると、捜査線上に浮かび上がってきたのは、自身もタレント経験のある芸能プロダクション経営者、水原香苗（40歳・仮名）の名前だった。水原は、芸能界でも面倒見のいいことで有名で、自身のマネジメントするタレントのみならず、誰にでも親切という評判の女性。周辺の人物にそれとなく話を聞いてみても、まず悪い話は出てこない。捜査は壁に突き当たった。

ところが、意外なところから解決の糸口が見つかった。某三流週刊誌に「芸能マネジャーのボヤキ」というコラムがあり、そこに大がかりな売春が行われているという噂話が書かれていたのである。そのマネジャーは、タレントに独立されてしまったため、恨みつらみを告白するという形の記事だったが、顧客の中には逮捕されたK県知事も混じっていたらしい、との記述があった。まさか売春組織のアルバムが警察の手に入っているとは、夢にも思っていなかったのだろう。警察はすぐそのマネジャーに事情を聞いた。既に芸能界から脚を洗うつもりだというその男は、すべてを警官に話した。また、彼がマネジャー時代に記録していたスケジュール帳が重要な証拠物件となった。

それにしても、今を時めく女優、歌手、タレントたちが、なぜ好きこのんで娼婦の真似事をするようになったのか？

もともとは、水原と、その愛人である代議士秘書・島村圭（42歳・仮名）の寝物語がきっかけだった。二人が出会ったのは、ある官庁のキャンペーン広告に、水原のプロダクションに所属しているタレント、三原美亜（21歳・仮名）が起用された時。島村が秘書を務める代議士・島袋勇吉（46歳・仮名）が、その官庁の政務次官を務めており、島袋は三原の大ファンだったことから、起用を指示し、島村が水原に連絡を取った。いささかトウが立っているとはいえ、元タレントであり、熟女の色香がプンプン漂う水原は、なかなかの男前である島村にぞっこんとなり、水原が積極的にアプローチする形で、二人の交際はスタート。島村には妻子がいたが、水原とベッドを共にするようになってからはほとんど自宅に寄りつかなくなり、すぐに二人は半同棲状態になっていた。

その夜も、島村は水原の陰部に指を差し込んで、彼女の感覚を高めながら、用件を切り出した。

「ああ、いいわ、そう……そうよ……」

「なあ、香苗……」

「なあに？　うう、たまんないわ……」

「三原美亜ちゃん、なんとかならない？」

「なんとかって？」

「その……ウチの先生が、一晩でいいから世話してもらえないかって。もちろん金はいくらでも出すからってね」

「島袋先生が、美亜と……寝たいの？」

「早く言えば、そういうことだ。もちろん無理なら無理と言ってもらえば……」

「少し時間をもらえるかしら？　あのコだったら可能性あるかもしれない」

「本当に？」

「ええ、ちょっと話してみるわ。それより……ねえ、もっと……」

「ああ、ごめん。こう？」

「そう、そう……ああ、最高……」

やがて島村は水原の上に乗り、すっかり怒張しきった自らの性器を彼女の中へと挿入し、腰を激しく動かし始めた……。


水原が、美亜なら可能性があると話したのは、実は三原美亜は実家が多大な借金を負っており、その返済のために必死になって働いているからだった。トップタレントである彼女を、金で自由にしたいと思うなら、どう少なく見積もっても百万単位、できれば二百から三百は稼げるだろう。水原の手元には20％が残るから、自分は何もせずに一晩で40万から60万の、しかも税金とは無縁の現金が手に入るのだ。もしスキャンダルになれば大変だが、相手は代議士、どちらにしても秘密は絶対に守られるはず……。

翌日、早速水原はこの話を三原に振ってみた。すると、意外なことに三原は、少しも躊躇うことなく、すぐに首を縦に振った。

「私、お金になるなら、何でもやります」

水原は、三原を不安一杯で代議士の待つホテルへと送り込んだ。


島袋は、ブランデーをちびちびと舐めながら三原を待っていた。トントン……という控え目なノックがして、島袋がドアを開けると、そこにはブラウン管と変わらぬ三原の明るい笑顔があった。

「先生……」

「おお、美亜ちゃん。待ってたぞ」

「やさしくしてくださいね」

鈴を鳴らすようなその声に、島袋の興奮は頂点に達した。男は柔らかな女体をぎゅっと抱き締め、その既に大きくなった陰茎をグイグイと彼女の体に押しつけた。

「先生、元気なんですね」

「君のせいだよ、私をこんなにさせて」

「ふふふ……ちょっと見せていただいてもいいですか？」

三原は島袋の前にひざまずき、ガウンを開いて中からドス黒い陰茎を取り出すと、いきなりチュウチュウ……と吸い始めた。

「おお、たまらん……ぐふう……」

こんなにも脂ぎった男の陰茎を吸うのは、三原にとっては屈辱的なことだった。しかし、そこは女優経験も豊富な彼女だけに「これはお芝居なのよ……」と自分に言い聞かせていたのである。

（私は、高級娼婦……真心を尽くしたサービスをして、そして本気でイクふりをしなければならないの……）

「おお、おお……イクぞ……」

「美亜のお口にくださいね」

「ええのか？」

「先生の、たくさん、飲みたいな」

「おお……そうか、そうか……それなら……ほら、イクぞお！」

島袋はぐいぐい激しく腰を遣った。三原はその醜悪な香りの漂う精液に、一瞬たじたじとなったが、それでも精一杯の笑顔を浮かべながら、ぐ、ぐ、ぐ……とそれを飲み干した。

「おいしいわ、先生」

「おお……ええ子じゃのう」

島袋は、三原の服を我慢できずにはぎ取っていった。清潔感の漂う白いブラジャー、そして白いパンティは、水原の入れ知恵だったが、果たして彼はそのランジェリーの選び方に激しく興奮した。

「おお、おお……これじゃあ……若い娘はこうじゃないとのう……」

ブラに隠された豊かな乳房、そしてパンティの中から飛び出した淡い恥毛。どれもこれも島袋の想像した通りの眺めだった。

「さあ、ベッドに寝てご覧」

島袋は、仰向けにした三原の股間を堅く閉じさせ、そこにブランデーを注いだ。

「ふう、ええ香りじゃ……」

ぴちゃ、ぴちゃ、ぴちゃ……。

下品な音を立ててその「わかめブランデー」を飲む島袋を見ながら、三原は身も心も高級娼婦になりきっていた。さしたる苦労もなく、その「役」を易々と演じられていることに、彼女は少し戸惑いを覚えていた。

（もしかしたら、私、娼婦の素質があるのかもしれない）

その思いは、それから程なくして、強引に股を開かされ、グイグイと島袋に挿入されるとますます強くなっていた。

「ひい……いいわあ……先生……素敵よ、もっと、もっと、もっとォ！」

自分の中から、そんな声が自然に飛び出してくる。いったい、私って、何者なんだろう。もしかしたら、生まれつきの娼婦なのかしら……。

そんなことを考えているうちに、島袋は早くも達しようとしていた。

「うう、うう……たまらん……美亜……」

「なあに、先生……」

「うう……イッてしまいそうじゃ」

「いいわよ、中で出して」

「行くぞ！　うっ！」

「ああ……私もイッちゃうゥ～」

もともと、中国地方の、一部上場合成化学会社のオーナー一族である島袋は、資金力が豊富だった。それからも三原はしばしばホテルに呼び出されるようになり、おかげで実家の借金も順調に減っていくこととなったのである。

そんなある日、水原は、三原の思いがけない申し出を受けた。


「ねえ、水原さん」

「なあに、美亜？」

「あのね……あの、例のお仕事なんだけど」

水原はドキリとした。まさか……。

「もう辞めたい？」

「ううん、そうじゃなくて。あのね、山室麻衣ちゃんって、いるじゃない？」

「あのモデル上がりの子ね」

「そう。あの麻衣ちゃんが、私みたいに……やってみたいんだって」

「え？」

「麻衣ちゃんだけじゃないの。芸能界って、他にも、たくさん、実家とか彼氏とかの借金で困ってる人いるのよ。手っ取り早くお金が欲しい人って凄く多いの」

　要は、そうした「裏の仕事」のマネジメントを、水原に全部まとめて引き受けて欲しいというのである。やはり彼女たちもタレントの看板を背負っている以上、そうそう危ない橋は渡りたくない。信頼のおける水原のようなマネジャーに、きちんとした金払いのいい顧客との橋渡しをしてほしいのだ。


　水原は、早速、島村に相談してみた。すると島村はこう答えた。

「そうか……話が早いな。実は、先生からもそんな話があってね」

　要は、政財界のトップ達のほとんどは、女性タレントと「寝てみたい」願望を持っている。しかし、スキャンダルが怖いため、なかなか個別には手を出しにくい。きちんと信用の於ける組織があれば、利用したい金持ちはいくらでもいる、やってみる気はないかと、島村に持ちかけてきたというのだ。

　こうして生まれたのが、冒頭でご紹介した「鳩の会」のアルバムである。金が必要な女性と、女性を金で買いたい男性がいる。それを結びつける、これは人助けのような仕事、社会にとって有意義なこと。水原はその時、何の罪悪感も持っていなかった。この超高級管理売春組織は、誕生から2年ほど、何の問題もなく運営され、水原、島村の二人は都心に超高級マンションを構えるまでになった。しかし、顧客が増えると、その分リスクも増してしまう。K県知事の別件逮捕が発覚のきっかけになったとはいえ、遅かれ早かれ、司直の手が入るのが見えていた事件ではあったといえよう。

アルバムという何よりの証拠物件、そして芸能マネジャーの証言。通常の事件なら、これで十分に立件可能である。しかし、相手は大物代議士を始めとして、政財界のVIPばかり。もし事件が明るみに出れば、大規模なスキャンダルが巻き起こる。K県知事などは、あろうことか、公費……つまり、県民の税金を「鳩の会」での遊興費に遣っていたことがわかってきた。

事件の全貌を明るみに出すことは、どう考えても不可能だ。島袋などは、ありとあらゆる手を使い、自分の身に司直の手が及ばないようにするだろう。そうした類の事件だからこそ、水原、島村らは、あまり用心もせずこの売春ビジネスを推し進めてきたともいえる。ともかく、この組織は一刻も早く解体させなければならない。これが警察の出した結論であった。

捜査当局は、慎重に内偵を進め、最終的には首謀者として水原、島村の二人、そして実際に売春を行っていたタレント（例の証言したマネジャーが以前担当していた女性である）一人、また顧客として会員の中でもあまり社会的影響の大きくない出版社社長、この4人だけを逮捕することで、事件を終息させる方針を固めた。

都心の大手某シティホテル。

まず出版社社長がチェックイン。いかにもスケベそうな表情を浮かべている。

2時間後、女性タレントが部屋に入る。見た感じは完璧な清純派である。

業界でもせっかちで知られる社長は、すぐタレントを脱がせにかかった。

「気が早いんですね……」

「我慢できんのだよ……ほお、やっぱり○○ちゃん、いいカラダしてるねえ。テレビで見るのと同じだ」

「ふふふ、ゆっくり楽しみましょう」

シャワーを浴びるのもそこそこに、社長はタレントを押し倒し、ベッドで挿入する。

「ほら、どうだ……気持ちいいか」

「あン……社長、大きいわあ……もう私、すぐイッちゃいそう……」

「どうだ、どうだ……」

「いいわあ……」

そこへ捜査員が踏み込んで来た。

「な、なんだ、お前たち！」

「この部屋で売春行為が行われているという情報が入りましてね……お取り込み中すみませんが、ちょっと話を聞かせてください」


同じ頃、水原と島村のマンションにも捜査員が駆けつけていた。水原は、本名こそ入力していなかったものの、会員の詳細なデータや利用状況、料金明細などを克明にパソコンに残していたため、捜査員は驚いた。普通、売春組織は摘発を恐れるため、こうしたデータ類はほとんど手に入らないものなのだという。売春事件史上でも、一、二を争う巨額が動いていたケースではあるが、良くも悪くも、水原のやり方は「シロウト」のそれだったのである。

翌日の新聞社会面、そしてスポーツ紙などでは一面で賑々しく「高級タレント売春組織摘発」を報じた。逮捕されたタレントたちが、グラビアなどで知られた存在だったため、事件は大きな話題となった。しかし、三原美亜のような大物タレントまでが関わっていたということは、闇から闇へと葬られた。最終的には事件の本丸とも言うべき政財界に脚を踏み入れることができなかったため、捜査員たちは断腸の思いだったという。

●淫らな液体が、お互いの口の中を行き来すると、もうたまらなくなってしまいました……

ギャンブル狂の専業主婦はマイナス収支を肉体で補填

【告白者】町田君江（仮名）／32歳（取材当時）／専業主婦

渋谷の雑踏で、その女性と初めて出会ったとき、正直言って驚かざるを得なかった。一見して「清楚」という言葉が何よりもぴったりくるようなタイプ。いまどき、薄い水色のワンピースが似合う主婦など、めったやたらにいるものではない。女優にたとえるなら、石田ゆ●子といったあたりだろうか。二人で喫茶店に入り、向かい合って改めてその顔を見つめたとき、ドキドキさせられたことを告白しておこう。さらにもう一つ、驚かされたのは、こんな清楚な外見でいながら、この女性がギャンブル狂であり、それがもとで、大きく道を踏み外すことになったという事実である……。

そうなんです。私、……ギャンブルにハマっちゃって。そんな風に見えないでしょう？　皆さん、そうおっしゃいます。でも、事実なんです。やめよう、やめよう、って、負けた時は思うのですけれど、でも、パチスロ屋さんの前を通ると、つい、１万円だけ……って思って、それがすぐに、5万、10万って。

もちろん、勝つときもあるんですよ。収支を見たら、そんな大きなマイナスにはなってないんじゃないかな？　子供の時、父親に連れられて、パチンコに通うようになってから、キャリアは長いですから、うふふ……。

でも、勝ったときって、そのお金、すぐ使っちゃうんですよね。洋服とか、アクセサリーとか。で、次に、スロットに行くときは、またゼロからのスタートですから、負ければ負けただけ、マイナスが残ってしまうんです。でも、やめられない。もしかしたらこれは、依存症なのかもしれないな、って思うんです。

消費者金融？

ううん、そういう所には、全然、縁がありません。そんな依存症なのに、借金がないなんて、不思議って思います？

私もこう見えて、女、ですから……けっこう、ズルいんですよ。

仕事？

してないです……結婚してから、ずっと、専業主婦。ダンナだって普通の会社員ですから、そんなギャンブルに回せるようなお金の余裕があるわけじゃないです。家計から補填したりってことは、ありません。

実は……まあ、そちらは、こういうお話が聞きたいんでしょうから、思いきってお話しますけど。

私も、借金がある時期もあったんですよ。あちこちのサラ金から「引っ張っちゃって」……って言うんですよね？　どれくらいあったかな、一番ひどい時は、百万ぐらい、あったかしら？

でも、ある時、そんな借金なんか、帳消しに出来るやり方を見つけちゃったんです。それも、一石二鳥の……。

私のギャンブルの歴史の中で、いちばん負けがひどかった、そんな日の出来事でした。もうこれ以上、借金もできないし、ダンナにバレたらどうなるかわからないし、もうどうしようもない。でも何とかしなきゃいけないから、とりあえず、パチスロを打っておこうかな……みたいな？

そういう日って、別に、理由があるわけじゃないですけど、負けるんですよ。それも凄いスピードで。ハア、ハア……って、溜め息つきながら、ストップボタンを押してたと思うんです、私。

そしたらね、隣の台で打ってた男の人が、声をかけてきたんです。

「姉さん、ずいぶん負けてるみたいだけど、大丈夫？　いや、俺、本当に怪しい者じゃないんだけど、よかったら、少し回そうか？」

本当にせっぱ詰まったときって、相手が怪しいとか、怪しくないとか、もう関係なくなっちゃうんですよね。よく見ると、浅黒く日焼けして、筋肉質の、いい男だったんですよ、その人（笑）。もしかしたら、そっちの方に、瞬間的に、惹かれちゃってたのかもしれませんね。

「あ、あの……助かります。いいんですか？」

「いいよ、俺は今日、ほら、けっこう勝ってるからね。ほら、これ……」

そうやって渡してくれたお金が、５万円！　いやあ、世の中には、気前のいい人がいるもんだなって思いました。

それよりも、その時に思ったのは「私って、ツイてるかも……」ってことです。ギャンブラーって、そういうモノなんですよね。このツキを逃がさないように打たなくちゃ。気分が変わって、改めて台に向かい合ったら、なーんだ、この台で出せないなんて、私、よっぽどどうかしてたんだって思えてきたから不思議です。

最初の千円ぐらいから、もう、どんどん、出始めて……。その日、最終的には、20万ぐらいまで行ったかな？　それも、半日ぐらいで。こんなにツイたのは、私のギャンブルの歴史の中でも初めてだったと思います。

「あの、ありがとうございました。よかったら、お礼に、食事でもご馳走させていただけません？」

私は躊躇うこともなく、隣の男性に声をかけ、私たちは店を出て、近くのレストランに入りました。

「あの……勘定は、俺が持つからさ」

男性は席に着くなり、意外なことを言うのです。

「え？　だって、私、勝ちましたから……」

「でもね、俺、こういう所来るとさ、ランチタイムでもゆっくり飲みたくなっちゃうんだよ。ワイン飲みたいから、俺にご馳走させて？　姉さんも、イケるクチだろ？」

派手なシャツの開いた胸元から、がっしりとした筋肉がのぞいて、そして鎖骨の間にはゴールドのネックレスが光っている。もしかしたら、ヤクザ者なのかなと思いましたが、まあ、その時の私にはどうでもいいことでした。ギャンブルで興奮すると、つい、いろんな所でハメが外れちゃうので……。

結局、ランチタイムの始めから終わりまで、その店に3時間ぐらい、いたでしょうか。ランチでワインを3本も開けるなんて、珍しいですよね。彼はとっても聞き上手な人で、私はついつい、これまでのギャンブル歴とか、借金が百万ぐらいある話とか、気がついたら全部話しちゃってました。そして、ギャンブルで大勝すると、すごく興奮しちゃうってことまで……。

「ふーん……。どんなに興奮するのか、見てみたいな」

「見てみる？」

夫がいるとか、真っ昼間とか、その時の私にはまったく関係ありませんでした（ワインをしこたま、飲んでいたこともあるけれど……）。もう興奮しきってたから、相手がこのカッコいいお兄さんじゃなくても、ついていっちゃってたかもしれません。

私、ホテルに入るなり、彼に抱きついて、舌を絡めていきました。彼は、最初は戸惑ってたみたいだけど、すぐに情熱的な舌で返してくれて。私が彼の唾液を啜り、そして彼が私の唾液を啜って。ワインの味のする、淫らな液体が、お互いの口の中を行き来すると、私はもうたまらなくなってしまって。

彼の股間に手を伸ばすと、そこはもう、ギンギンに硬くなっていました。

ヘンなこと、言ってもいいですか？

実は……私、とってもフェラチオが好きなんですよ。口の中で、男の人のアレがピクピクって動くのが、たまらなく好きで。相手が遠慮深い人で、「しゃぶって」ってなかなか言わなかったりすると、物足りないくらいなんです。興奮すると、もう、相手にリクエストされなくても、自分からズボンを脱がせて、パンツも脱がせて、しゃぶっちゃうくらいですから。男の人によって、アレの形がそれぞれ違うのも、楽しいんですよね。

ちょっと脱線しちゃいました。あの日の話ですよね。

本当だったら、シャワー浴びたりとか、焦らしたりとか、いろいろ、やりますよね、特に初めての時って。自分を見透かされるのが、怖かったりするでしょう、セックスする時って、特に。

でもあの日は、私、とにかく、ケダモノみたいになりたかったんです……というか、もうすっかりケダモノになりきってたんだと思います。ギャンブルの魔力、というやつでしょうか。

キスしたまま、まるでお相撲を取るみたいに、彼に抱きつきながらベッドのところまで歩いていって、そこで体重を預けて彼をベッドの上に押し倒して、ベルトを取ってズボンを剥いで、パンツまで脱がせると、もうすっかり硬く、大きくなったアレが、天井の方を指してニョッキリと顔を出しました。

「ああ、たまんないわ……」

私は、彼の上にのしかかると、それを、チュパ、チュパって、凄い音を立てながらしゃぶりました。

おいしかった！

タマタマの下のところをチョンチョンって、舌の先っぽでつついたりとかね？　あれって、男の人、とっても気持ちいいのよね？

もう、いつまでも、いつまでも、しゃぶっていたいくらいだったんだけど、そのうちにね……欲しくなってきちゃって。

彼も同じ気持ちだったみたいです。

「ねえ、そろそろ……」

「いいわよ……」

彼は、まだ服を着ていた私を乱暴に脱がせ、裸にすると、剥き出しになった乳房にむしゃぶりついてきました。

「うう、たまんねえ……」

言葉遣いが荒っぽいのが、また、素敵に思えて、私、ますます興奮しちゃったことを覚えてます。

「行くよ……」

驚いたのは、ロクに愛撫もしないうちに、彼がインサートしてきたこと。え？　まだ、濡れてないのに……って思ったら、不思議ですね、極端に興奮してたせいか、自分でも気づかないうちに、私のアソコ、もうグショグショに濡れちゃってたみたいで……。

痛い……って感覚が来るのかなと思ったら、違うんです！

あっと言う間に、奥までズボリと入って(本当に、そういう音が聞こえたんですよ！　いえ、冗談じゃないです……)、もう、たまんない感じ。

「どう?」

「ああ、素敵、たまんないわ……ねえ、突いて、突いて……激しく！」

そんな、ベッドの中で叫んだことを正確に覚えてるわけじゃないですけど、とにかく、そんな意味のことを口走ったように思います。

彼は、私がお願いした通り、激しく突いてくれました。その一回、一回で、もうこれで絶頂かと思うと、次はさらによくなる。こんなに素敵なセックスを経験したのは、生まれて初めてのことでした。最初は正面から、それから後ろから、そして私が上になって、腰を思いきり動かして。

最後はもう一度、彼が上になって、どんどんスピードを上げていくんです。

あ、もうダメ、もうダメ、イッちゃう！

そんなコトを口走っていたと思います、たぶん。

彼も、「ハッ！」って、大きく動くと、私の中で生温かい感触がジンワリと伝わってきました。コンドームの中に、精液がドピュドピュって出ていった感じ。抱き締められながら、私、深い眠りに落ちていきました。彼が私の中から抜けていくとき、ほんの一瞬、寂しいって思ったけど、それも一瞬だけ。久しぶりにギャンブルで大勝して、しかも久しぶりに……と言うか、生まれて初めてぐらい、物凄く感じるセックスをして。

とっても幸せでした、私。

そして、その幸せは、それで終わりじゃなかったんです。

目が覚めたら、彼の姿はもう消えていて……。

そして、代わりに置き手紙と、ぎっしりと厚い札束が置いてあったんです。手紙には「何かの足しにしてください」って、書いてあって、そして百万の札束！

連絡先も、何も、なし。私の荷物もすべて、そのままでした。あんなに素敵な男性、それから出会ってないなあ……。

もちろん、翌日からしばらく、もう一度会いたくて、そのパチスロ屋さんに通ってみたりしましたが、二度と見かけることはありませんでした。ありとあらゆる意味で、あんなにカッコいい男性って、空前絶後でしたね。

ダンナ？

もう、お話になりません。いえ、いい人ですよ、それはね。でも、彼は、私のそんな秘密を一切知りませんから……。

興奮した……っていえば、もう一つ、忘れられない経験があります。

結局、その日以来、私、困ったら、近くにいる男に頼ることを覚えちゃいました。負けてても、その時勝ってる男に、何て言うんでしたっけ……そう、「色目」を使えば、そんな負けなんか簡単にチャラになっちゃうんです。

私が美人だから？

うーん、そうなのかな。男の人が言うから、そうなのかも知れません。でも、私、そんな自覚は特にはないんですけどね。まあ、あれ以来、けっこう胸元がチラリと覗くブラウスなんかを着るようにはしてますけど(笑)。

そう、興奮した経験の話ですよね。

百万くれちゃった彼は、スポーツクラブで鍛えてるって感じの筋肉質だったけど、その日、私を「助けて」くれた男は、そうじゃなくて、いかにも現場で鍛えてるって感じの筋肉質。体もホントにガッシリしてて、見た目には「ちょいデブ」な感じでした。でもね、実際の体は、物凄く、頼りがいのある感じでしたね。

その日は、久しぶりに、10万近く、負けちゃってたんですよ。こういう時は、近くの台の男に頼ろう……って思って、物色したけど、カッコいい人は、こんな時に限ってあまり近くにいないんです。どうしようかな……って思ったら、その「ちょいデブ」な、いかにも普段は現場で働いてるって感じの人が、隣の席に座って、そしてすぐガンガン出し始めたんです。しまった、こっちを打っておくんだった、なんて思っても後の祭りなんですけど。

こうなったら、この人に頼ろう……って、そう思って、じーっと彼の手元を見てたら、案の定、声をかけてきてくれた。

「姉ちゃん、金、足りないんだったら、回そうか？」

こう言わせたら、もう私の勝ちですよね。もっともその時は、回してくれたのは1万円だけだったけど、それでも、とたんにガンガン出始めましたから。

で、マイナス10万から、プラス5万ぐらいまで持ってきて、そろそろ潮時かな、という感じがしたので、席を立ちました。そして、その男の人に、

「ちょっとお礼させて戴きたいので、そこまでご一緒しません？」

って、誘ったんです。

そしたら、彼、私の目を見て頷いて。気のせいかな、舌なめずりしたような感じもありました。

その店、裏側にも出口があるので、そちらに向けて歩いていくと、彼が盛んに左右

を見回してるのに気がつきました。何してるのかな……って思ってたら、トイレの前にさしかかったら、彼、いきなり、私を男子トイレの個室の中に連れ込んだんです。

（え？　こ、これって……）

そして、いきなり作業ズボンのファスナーをおろすと、中からまだあまり元気のないアレを取り出して、私に咥えさせる。

（あ、こういうの、好きかも……）

そう思いながら、私は熱心にそれをチュパチュパ吸い始めたんですね。そしたら、みるみる元気になって、大きくなって、私の口の中でピクピク震えて……。

「ふう……」

彼は、大きく溜め息をつくと、口の中から、私の唾液で光っているアレを引き抜き、そして私を後ろ向きにしてスカートをめくり、パンストとパンティをずり下げると、後ろからグイ！

「あ……」

男子トイレですよ、しかも白昼のパチンコ店の中で。誰かが来たらどうするの、絶対バレちゃう、聞こえちゃう……って。そう思うと、もう、グショグショに濡れてきちゃって大変、それも後ろから大きな音を立てて「パン！　パン！」って突いてくるから、私、もう気が気じゃない、でも気持ち良すぎ！

それから彼、事もあろうに、私の片脚を持ち上げて、それを自分の肩にひっかけて、さらにグイグイ突いてきたんです。こうすると、私は疲れるんですけど、さらに奥までグイグイ入るから、もう気持ちいいの、最高なんです。

「イッ……」

「ハア……！」

ほとんど声は出ませんが、もしその時、外に人がいたら、二人の荒い息遣いと、パンパンと肉が触れ合う音とで、中で何やってたか、絶対にわかってしまっただろうな……といくらい、興奮しました。

そして、とうとう、彼が最後に……。

「ハッ！」

クイ……と、腰を奥に突くと、私も、もうたまらなくなって、その場にくずおれてしまったんです。トイレの中はそんなにキレイというわけでもなかったけれど、もうそんなことどうでもよくなってました。中出しされちゃって、股間をツツーって、精液が流れていたのを、今でも覚えています。
ああ、話してるうちに、興奮してきちゃった。
ねえ、記者さん……この後、お時間、ありますか？

●意識を失うのと、彼が最後に大きく動いて私の中で射精したのは、ほとんど同時だった

上司から様々な調教を受け、私の肉体は花開きました

【告白者】樫山早希（仮名）／29歳（取材当時）／会社員

新宿で出会ったその女性は、とても小柄な人だった。身長は150センチそこそこ、太っているという程ではないが、いささかぽっちゃりした感じの可愛らしい感じ。どこで話を聞きましょうか、と言ったら「カラオケボックスがいいかな……」との答えが返ってきたので、そこで我々は、手近なカラオケ店に入ることにした。「ビールを飲んでもいいですか？」という彼女に、私は「どうぞ」と答え、自分もビールを注文した。カラオケボックスで取材をするのも異例なら、ビールを飲みながらの取材も、普通はあまりやらないことだ。だが、この女性の話を聞き出すには、それもアリだ、と考えた……。

カラオケですか？

うーん、そうね、嫌いじゃないかも。いえ、別に、歌いたくて、ここに来たわけじゃ

ないんです。わかってますよね(笑)。なんかね、盛り場の中でも、カラオケボックスって妙に落ち着くから、好きなんです。あ、ビール、冷たくて、おいしい！

ふう……。

幸せですか、って？

そうね……どっちとも言えないかな。今の生活には満足してます。仕事も充実してるし……本の流通関係の仕事なんですけどね、子供の時からとても絵本が好きだったので、何か本に関係のある仕事をしたかったから。あ、そう、独身です。まだ……っていうか、一生独身かもなあ……。

うん、彼氏はいるんですけど……不倫なんですよ。向こうにね、奥さんも子供さんもいて、会社の上司。典型的な不倫ですよね、笑っちゃうくらい。でもね、彼は私をとても大切に思ってくれてるし、それに……私の方が、どっちかといえば、彼なしでは生きていけないカラダになっちゃった。

大げさですか？

うん、客観的に見ればね、そうかもしれませんけど……でも、私にしてみれば。

最初はね、これもよくある話ですけど、社員旅行の時だったかな。みんなが宴会で盛り上がってる時に、ちょっと疲れて、外に散歩に出たら、偶然、彼も出てきて。いえ、それは、本当に偶然だったんですよ。

「君も疲れたの？」

「そうなんです。宮田課長も？」

「俺もね……ああいうドンチャン騒ぎは、けっこう苦手で……なんか静かなところで、もうちょっと飲まない？」

って誘われて、いいですねー……って、ついてって。

それが始まりでした。その時、行ったのが、温泉街のカラオケボックスだったんです。もう、旅館の食事でお腹いっぱいでしたから、ビールとかお酒をとって、歌も歌わず、なんとなく世間話して。私のカラオケ好きは、それからかな？

その日は、何もなく終わったけど、でも、これで終わりじゃないな、って、そんな予感がしてました。そしたら、案の定、旅行から戻った次の月曜日に誘われて……。飲みに行きました。そう、その月曜日が、私たちの最初の……夜になったんです。

そんな風なお話をすると、いかにも私たちが、なんか、勢いでやっちゃったみたいに思われるかもしれませんが、でも、入社した時から私、課長は好きでした。男としてって意味じゃなくて、……そんな言い方したら、彼、怒るかな？

難しいけど、なんか、ウマが合うっていうんですか？

そういう人って、いるじゃないですか。

この世の中に、運命の人……って言うか、いろんな意味で「物凄く合う人」っていうのが、誰にでも、たぶん、いると思うんですね。もし、タイミングがよければ、その人と結婚できるんだろうけど、何らかの拍子にタイミングがずれちゃうと、一緒に暮らすことはできないかもしれない。でも、ずっと、何らかの形で付き合い続ける……そういう人。私にとって、課長がそういう人だったんですね。たぶん、彼にとっても、私が……。

あの旅館の中庭の池のほとりで、偶然出会ったとき、もう、その後、行くところまで行くんだろうなって予感が、私にはありました。彼も、そう思ってたみたい。月曜日、私と二人きりで会いたくて、会いたくて、どうやって連絡しようか、そのことばかり考えてたんですって。

どうやって連絡してきたと思います？

机の上に、二つ折りにしたメモが置いてあったんですよ！　なんか、昔の中学生みたいな、そんなぎこちない感じ、たまんないでしょう？

私も、彼の誘いが来るんだろうなって、ずっと待ってたから、そのメモを見つけた時は本当に嬉しかったです。

でもさすがに、シティホテルで「部屋を取ってあるから、中でゆっくり飲もうよ」って言われたときは、ちょっとびっくりしましたけど……。

でもね、帰ろうなんて、ちっとも思いませんでした。彼が、どんな風に、どんなことをしてくれるのかって、それが楽しみだったから。

ワイングラスを重ねて、そして、彼が唇を合わせてきたとき、ドキドキした！

うん、中学生のとき、初めてキスしたときと同じくらいでしたね。

それから……彼、私に、目隠ししてきたんです。そう、最初の夜に。ちょっと珍しいですよね（笑）。

目隠ししたまま、服を脱がされました。その日は、そんな予感がしてたから、ちゃんとしたランジェリーを身につけていた筈なのに、目が見えないとパニックになっちゃって……、あれ、ちゃんとした下着だったっけ？　って、凄く不安になったのを覚えてます。

「怖い？」

「ううん、怖くはないけど…」

「どうしたの？」

「ねえ、私の下着、ヘンじゃない？」

「とってもセクシーだ。たまらないよ……」

そう言われて、もう、私、カーッと熱くなっちゃって、アソコがジンジンしてきちゃって……。

「下着も取っていい？」

私は、コクリ、と頷きました。手馴れた様子で、彼がホックを外してブラを取り、そしてパンティも脱がされて……。そして私は、仰向けになって、ベッドの上に寝かされました。

（どこに来るの？）

そのまま、彼、私の体をじーっと見つめてるみたいで、なかなか行動を起こさないんです。その見られてる感じがたまらなくて、もう、それだけで、どんどん、どんどん、興奮してきちゃって……。

　やっと、私の上に近づいてくる気配が伝わってきたと思ったら、いきなりオッパイをぐい、と掴まれました。そして、舌の先で、両側の乳首を交互に、チュルチュル……って舐めてきたんです。

　あ……あの感じ、そう、思い出すだけでも……なんか……ごめんなさい、濡れてきちゃいそう。目が見えてる時って、次にどこに来るのかな、ってわかるでしょう。もちろん、それでも気持ちいいし、興奮するんだけど、目隠しされてると、予想もしないところに、予想もしない刺激が来るから、何ていうか、興奮の度合いが違うんですよね。ましてや、その時は、そういうプレイって、生まれて初めてだったから、もう、凄く感じちゃいました。あ、あ……って、自分でもビックリするほど、エッチな喘ぎ声が、自分の中から洩れてくるんです。

　オッパイがどんどん熱くなって、そして、乳首が、すぐに硬くなっていくのが、自分でもわかりました。すると、今度は、それを歯の先っぽで「クイッ」って、噛むんです、彼……。チュルチュルって舐めてたかと思うと、時々思い出したように「クイッ」って。まるで予想もできないその動きに、私、どんどん興奮しちゃって、もう大変なくらい……。

「今度はこっちだよ……」

こっちって……そう、彼は次に、ソコに来ました。

もう、指差さないでください、他にないでしょう(笑)。そこです。ううん、もっと、下……(笑)。

軽く脚を拡げさせられて、そして指が……中に一本、二本と入ってくると、もうたまんなかったです。どうしよう、どうしたらいいの私、こんなに感じちゃって……。だって、信じられます？　ピチャピチャって、アソコをいじる音が、本当に、聞こえてきたんですから。いつのまにか、グショグショに濡れてたんですね。

もう、下半身は、痙攣してるんですよ。ずーっと、震えるみたいになってたと思います。だって、感じすぎちゃって……、そうでもしないと、どうしていいかわかんないんです。

「凄いね……後から後から、おつゆが出てくるよ……」

彼がアソコを、じーっと観察してるんです。もう、見られてるって思うと、恥ずかしくて、恥ずかしくて、……そして、もっと、もっと、感じちゃう。女の体って、本当に不思議ですよね……。

「ねえ、もう……カンベンして」

「どうしたの、おかしくなっちゃいそう？」

「うん。こんなの、初めてだもん。どうしていいか、わかんない……」

「感じてればいいんだよ」

「そうなんだけど、もうダメ。宮田さんが、欲しい」

私、そう言ったんです。今でも、はっきり覚えてます、その時の自分の声。何てこと言ったんだろうって、びっくりしたんですから。

「いくよ」

しっかり答えてくれた、彼の声も、忘れられません。その声が終わるか終わらないかのうちに、彼は私の膝を割って、グイって入ってきたんです。

あれから、何度も、何度も……彼とエッチしたけど、インサートされた瞬間、あんなに嬉しかったのは、やっぱりあの最初の夜が最高でしたね。

クイ、クイ……と彼に突かれて、私はもう絶叫するばかりでした。

「もうダメ、ダメよォ～～」

そのうち、彼が目隠しを取ってくれて、汗ばむ彼の横顔がいきなり目に飛び込んできたんですけど、そうすると、不思議なもので、また興奮が凄くなるんですよね。どうしていいか、わからなくなっちゃほど。

「あ！　あ！　あ！」

こんな感じ、もう、意味のあるコトバなんか、何にも出てこないです、そこまで興奮すると、人間って。しかも、その時、彼、まだゆっくり、ゆっくり動いてるんですよ。そこからだんだんスピードアップしてくんですから、もう私、自分が絶対壊れちゃうと思いました。でも、彼のこと、絶対信頼してるから、ホントに壊れることはないって、それも分かってはいました。

ある意味、理想的なセックスですよね（笑）。

あ、私、なんか凄いこと、話してますけど……。

彼は、私の上で、物凄い勢いで腰をシェイクし始めました。あ、どうにかなっちゃう、もうダメ……と、意識を失うのと、彼が最後に大きく動いて、私の中で射精したのと、ほとんど同時だったと思います。あ、この人なんだ、私がずっと待ってたのは……って、どこまでも落ちていくようなエクスタシーの感覚と一緒に思ったのを、今でもしっかり覚えています。

なんか、世間では、こういうの「調教」て言うらしいですね。どんなコトバで呼ばれてもいいいんだけど「調教」……って、なんか、すごく、イヤらしくありません？
言うとゾクゾクして、また濡れてきちゃいそうな(笑)。

一度、彼に聞いたことあるんです。

「ねえ、私って、あなたに、『調教』されてるの？」

そしたら、彼、苦笑してましたね。

「そうだなあ……調教っていえば、そうかもしれない。だって、こんなにお前の体のことわかって、気持ちよくさせてやれるのって、たぶん、俺だけだもん。他の男とやっても、たぶん俺のことしか考えられないと思うよ」

凄いこと言う男ですよね。自信過剰かも……って、思うでしょう？
でもね、たぶん、その通りなんです。彼が、私にとって、ある意味「ただ一人の男」なのは間違いないから。

彼と会う度に、とてもドキドキする。

今まで、こんなに、会う度にドキドキする男なんて、いなかったですよ。私も独身O

L長くやってますし、学生時代にも付き合ってた男いるし、そんなに経験が貧弱なほうではないと思います(笑)けど、やっぱり、この人は特別。彼にとっても、私は特別。

ううん、そういう人って、絶対誰にでもいるんですってば(笑)。

この間も、凄い経験させられちゃいました。

聞きたいですか(笑)。

会う度に、いろんなことして、気持ちよくさせてくれるから、彼……。この間のが特別というわけでもないんですけど……三日前です(笑)。

ホテルに入ると、コンセントの場所を探してるんです。何考えてるんだろう、ビデオでも撮影するのかな……って思ったんですけど、その後、二人でゆっくりお風呂に入ったりして、イチャイチャするうちに、コンセントのことなんかすっかり忘れてしまって。

お風呂ですること、ですか?

あのね……試してみてくださいね、彼女と。なるべく熱いお湯。入れるギリギリくらいのお湯をバスタブにたっぷり張って、その中に二人で入るんです。で、その時、冷た～く冷やした缶ビールを持って。瞳を見つめ合いながら飲むんです、興奮しますよ。

で、それを口に含んで、彼に飲ませてあげるの……。

そんなことして、いい気持ちになって、ベッドに行くんです。

手錠したり、あるいはロープで手首縛ったりすることが多いんだけど、その日は珍しく脚を大きく開かせられて、そして身動きできないように、ベッドに縛り付けられました。アソコが丸見えで、隠すことができないんです。これも、凄く興奮するシチュエーションの一つなんですけど。

そしたら彼、カバンから何か道具を取り出して、そこから伸びたコードを、コンセントに差し込みました。

そう……電器マッサージ機だったんです！

今まで、ローターとか、バイブとかで刺激されたことはありました。あれだって、凄く興奮するんですよ。バイブなんかで、上手に刺激されてインサートされちゃうと、もうその後、生身のアレを入れられても、そんなに感じなくなっちゃうことがあるでしょう？

でもマッサージ機の刺激って、そんなものじゃなかったです。

ウィーン……っていう、音からして、もう凄いんですけど、ほんの少し触れられただけでも、すぐにイキそうになっちゃう。一回、二回、軽く触れられただけで、これは大変なことになると思って、逃げなきゃと思うんだけど、脚を固定されてるから、逃げ場がないいんです。で、そんな私に、彼は、マッサージ機をグイって押しつけてきて……。

半端じゃない刺激なんです。本当に、もう、ふだんは5秒に1回ずつぐらい訪れてくる快感が、1秒に5回ぐらい？　のべつまくなしに襲いかかってくる感じ、呼吸ができなくなっちゃうんです、あんまり気持ちよくて。

「ダメ、ダメ、もうダメ！」

もうそれしか言えない。どうしたらいいのか、わからないいんです。

「イクよ〜……イッちゃうよ〜」

ヒク、ヒクっ……て。あの「ＥＲ」とかで、心臓がおかしくなって、電気ショック与えられた体がビクビク動くみたいな、あんな感じなんですよ。もう、どうしたらいいのかわからない。

そんな私の反応に、彼もちょっとびっくりしたみたいで、押しつけてたマッサージ機を離したんですけど、その後も私の体、2〜3分は、ヒクヒク痙攣してたんじゃないかなあ……。それくらいの、凄まじい快感でした。

でも……やっぱり、マッサージ機って、入口だけのことでしょう？　奥まで突かれるのとは、また、全然、違うんですよ。

そこまでイキまくったら、もうそれで十分だって思うかも知れないけど、違うんです。その後、やっぱり、彼と一つに繋がらないと……満足できない。

彼は、私がイキすぎたので、ちょっと心配して、一休みしようと思ったみたいだけど、私は動けるようになったら、すぐに彼に襲いかかって(笑)、彼の上にまたがって、中に挿入れちゃった……。

さっきのヒクヒクする体の喜びを、彼にも伝えてあげたくて、彼を奥までしっかり挟みこんで、そして腰をヒクヒク、際限なく動かしたら、彼、目を白黒させて「ああ……最高だよ……」って。

「ねえ、わかった？　私がどんなに感じてたか」

「わかってるよ……」

私は、彼の上になって、さんざん楽しませてもらった後、いつものように、彼が上になって、グイグイって……突いてもらいました。

私の快感は、私だけのものなんだけど、でもやっぱり、私の興奮が伝わると、彼もいつも以上に気持ちよくなるみたいで……。

「ああ、ああ……」

「いいよ、いいよ……」

うんとたっぷり、いつもより動いて、そして私をさんざん気持ちよくさせてくれてから、彼は最後に、

「いくゥ……」

って。私の中に、何度も何度も、熱い液体を注ぎ込んでくれたんです。

●一度は萎えたそれを熱心にしゃぶり続けた。するとほどなく男の匂いを復活させ……

淡い恋心を抱いた思い出の相手がマルチの男になって

劇漫スペシャル編集部特別取材班編

午後2時。電話が鳴った。夫は会社へ出かけ、小学校に通う二人の子供たちもまだ学校から戻ってこない。一人きりの昼食を終え、ちょうど昼ドラも終わった頃合いのこと、またドラマ好きの親友・光子が暇つぶしの電話をかけてきたのだろう……と、長尾靖子（仮名）は受話器を取った。

「はい、長尾でございます……」

「もしもし……」

男の声だ。どこかで聞いたような気がする……しかし、相手はためらっているような様子を見せている。

「長尾でございますが……」

「……あの……水原さん、ですよね」

靖子はドキッとした。旧姓で呼ばれるのはずいぶん久しぶりのことだった。そして、その「水原さん」という独特のアクセントに聞き覚えがあった。懐かしい記憶が一度に甦ってきた。

「島田……くん？」

それは、十年以上も昔、靖子が高校に通っていた頃、密かに憧れていた島田康の声だったのである。ラグビー部でスタンドオフという花形ポジションにいた島田は、女子生徒の間でも人気が高く、3年間同じクラスだった靖子も恋心を抱いていた。

しかし、相手は学校を代表するスターで、靖子は言わば「その他大勢」的存在。いくら憧れてもそれだけの関係だった。もちろん、そのころ島田には、学年を代表する美少女である、三崎由実というガールフレンドがいたのだった。島田と三崎は、大学に入った後も付き合っていた、という噂を聞いてはいたのだが……。

「そうです。島田です。お久しぶり……」

靖子は胸がドキドキするのを覚えた。相手に見えないのは承知の上で、髪を整える仕草が自然に出てきた。

いったい、今ごろなぜこの人が私の所に電話をかけてきたのだろう……？　そんな疑念は確かにあったが、それよりも少女だった頃の自分に戻れるのが嬉しくて、靖子は近況などを相手に話し続けた。

「そう、主婦なんだね。パートとかはやってないの？」

「うん、今のところは……」

「そうか。それならちょっと……いい話があるんだけど、喫茶店かどこかで会えないかな。そっちの都合に合わせるよ」

靖子は口から心臓が飛び出しそうだった。憧れの人と……デートできる⁉ その瞬間、彼女の頭の中から、夫も二人の子供の存在も、きれいに消えうせていた。

「今日、これからでもいいですか？ 子供たちは実家に泊まりに行くことになってるし、旦那もどうせ夜遅いの……」


靖子は、この秋でちょうど30歳になった。鏡を見ては「まだまだイケる……」と思う一方で、そろそろ若さと決別しなければいけない年齢が近づいてきているのもわかっている。専業主婦の、満ち足りてはいるものの、どこか虚しさの消えない日々の中で、これまで好意を持った男性の中でも、一番熱烈に好きだった相手（そして、ただ一人、たった一度のデートすらかなわなかった相手）からの突然の電話は、彼女の平和な日常を激しく揺さぶった。ルージュを引く手が微かに震えた。

「水原さん、相変わらずかわいいね……」

「そんな……もうオバサンよ」

「いやいや……今だから言うけど、俺、あの頃、君のこと、けっこう好きだったんだぜ」

「ウソ……。島田くん、三崎さんと付き合ってたんでしょ」

「そうなんだけど……あいつ、すげープライド高くてさ。大学入ってからも付き合ってたけど、俺がケガしてラグビーできなくなると、すぐフラれちゃって……。でも俺、ホントは君みたいなコの方が好きなんだ」

「そんなこと……10年前に言ってほしかったな……」

靖子と島田は、ホテルのカフェテラスで待ち合わせた後（靖子は最初に島田の左手の薬指を見た。そこには指輪も何もなかった……）、話が盛り上がって、そのまま同じホテルのバーでグラスを重ねていた。靖子は島田の軽いセリフを、半分冗談だと承知しながら、ドキドキしながら聞いていた。

「それでね……今日来てもらったのは……いい洗剤があるんだけど、ちょっと買ってもらえないかと思って……」

靖子は愕然とした。島田が彼女を呼び出した目的は、マルチ商法のセールスだったのである。彼は、大学を卒業してからラグビーのつてで就職したものの、その会社がほどなく倒産。付き合っていた恋人とも別れ、自動車のセールスなどの仕事を転々としたものの、どれもパッとせず、ケンカをして留置場に入ったこともあった……ようやくたどり着いた今の会社でなんとか落ち着けそうだ……という話を、うつむいたまま一気に打ち明けた。

その告白に最初は驚き、すぐに帰ってしまおうかと思った彼女だったが、かつて憧れた相手が、今こうして「その他大勢」だった自分に頭を下げていることに、なんとも言えない快感を覚えていた。この人を助けてあげよう……彼女は、自分の退屈な日常を覆っている灰色のベールが、すっきりと溶けていくような気がしていた。

2時間後、二人は同じホテルの部屋で肌を重ねていた。どちらからともなくムードが盛り上がり、ごく自然に島田が中座し、部屋をリザーヴしてきたのである。

かつて同じクラスだった頃、靖子は放課後、誰もいないと思った教室にガラリと入り、そこで島田が上半身裸になって着がえをしている場面に遭遇したことがある。その隆々と盛り上がった筋肉を、彼女は今日まで決して忘れることはなかった。今でも運動だけは欠かさないというその筋肉は、彼女のイメージ通り……あるいはそれ以上の見事さで、付き合い酒でブクブクに膨れた夫とは、天と地ほどの差があった。

記憶の中にあるのと同じ形の、少し盛り上がった乳首を彼女は噛んでみた。初めて噛むとは思えない懐かしい味がした。

「う……ああ……」

耳元で響く島田の快感の呻きは、あの頃靖子が自ら指を股間に伸ばして慰めていた時、想像したそのままのなまめかしさだった。そしてそれを聞いたとたん、靖子の体の一番奥の壺が音を立てて倒れ、そこからとめどもなく蜜が流れ出してきた。こんなにドキドキする交わりは、実際、生まれて初めてのことだった。

「水原さん……すごい……こんなに濡れてる」

「イヤ……見ないで……」

靖子は、自分の体が、今まで思ってもみなかった官能への適性を備えていることを初めて知った……いや、自分はそんな適性を持っているだろう……ということは、長い間予想してきてはいた。しかし、これまで愛し合った男たち……夫を含めて……の、誰一人として、彼女の中のこんな淫乱さを引き出すことはできなかったのである。

島田は夢中になって、指で彼女をかき回し続けた。靖子はその指で何度も何度も絶頂に達し、そしてそれに応じるように、続けて島田の男性を口に含み、舐め、しゃぶり、吸い上げ、そして島田が達するとそれを一滴残らず飲み干そうとした。

「水原さん……ダメだ……俺、もう、……イッちゃうよ……放して」

「ダメ……いいのよ……口でイッて……」

靖子は島田が達した後も容赦せず、一度は萎えたそれを熱心にしゃぶり続けた。するとそれはほどなく男の匂いを復活させ、また彼女の口を満たしたのである。

「ほら、また大きくなって……」

「水原さん……中に入れていい？」

「……いいわよ……」

ほどなく逞しい腕が彼女の脚を広げて、その中央のぐっしょり濡れた淫らな穴へと、すっかり元気になった男性をグイグイ……と押し入れてきた。あの頃、毎晩のように、こうされることを夢見ていた靖子だったが、実際にこうして交わるのは、想像の数十倍も快感が大きかった。昨日の今ごろは、こうして島田と男女の交わりをしていることなど、夢にも思わなかったのに……。

「ああ……いい……島田くん……もっと、もっと激しく突いて……」

「水原さん……ああ……すごい……」

「イヤ……もっと、もっと！」

「こう、こう？」

「……イク、イク……いっちゃウウウウ！」

　靖子は島田のマルチ商法を手伝うことになり、近所の主婦やＰＴＡの仲間たちにも、機会あるごとにその洗剤を勧めた。もともとセールスの才能に恵まれていたのか、彼女はメキメキと頭角を現し、そのマルチ会社のセールス成績でもみるみる上位に入り、あっと言う間に島田を抜き去っていた。彼女の夫はと言えば、そんな妻に眉をひそめるどころか、むしろ毎日が明るくなっていい……と、ほとんど放任していた。

　島田とは、週に一度ホテルで会い、その度に性交渉を持っていたが、新鮮な快感が得られたのは最初の2～3回だけだった。もともと島田はテクニシャンというわけではなく、どちらかと言えばスポーツ選手にありがちな、自分本位のセックスといった側面が強かったので、官能に目覚めてしまった靖子には物足りなかった。それでも高校時代の憧れというスパイスがあればこそ、そこそこの快感は得られていたのだが。

3ヶ月ほど経ったある日、島田が一戦交えた後のベッドで話しかけてきた。

「水原さん……俺、この仕事辞めようかと思うんだ」

「ええ？　ノルマがきついの？　私、いくらでも助けられるわよ」

「いや、そうじゃなくて……結局、この仕事ってさ、善良な人をダマして、本当は二束三文のモノを結構な値段で売るわけでしょ」

「バカ言わないでよ……あなただって最初は私をダマそうとしたくせに……」

「あの頃は……本当に行き詰まってたから。俺さ、ラーメン屋でも始めようと思うんだ。今のご主人と離婚して、俺と一緒に働いてくれないか？」

「ジョーダンじゃないわ！」

マルチで金の入ってくる快感に、靖子は酔っていた。もともと生活は一流企業に勤めている夫のせいで何の不自由もないし、島田と夜遅くまで遊んでいてもまったく文句を言わない。安定した家庭、どこかスリリングなマルチ商売、そして高校時代の憧れの彼とのセックス……いま彼女は生涯で絶頂にあると言ってもよかった。なぜその楽しい毎日を投げ捨てて、ラーメン屋の女将にならなければいけないのか？

「島田くん……本当に私、あなたのこと……愛してたのよ」

「それなら、俺と……」

「でも、違うの。私、このお仕事が楽しくて仕方がないし……安定した家庭だって捨てられないし、それに……もっともっと、いろんな男の人と……してみたいし……」

靖子は、この新しい世界への扉を開いてくれた島田に、最後の奉仕というつもりで、心を込めて島田を口に頬ばり、カリを歯の裏でこすり、袋をピンクに染め上げた爪の先端で弾き、今ではすっかり見慣れてしまった怒張した島田を「これで最後……」と、涙まじりに眺めると、島田を仰向けにさせ、自分から大きく股を開き、その真上に少しずつ腰を落としていった。

「あ……み、水原さん……」

「島田くん……いいわ……いいわ……そう、ゆっくり動いて……ゆっくり……」

「ああ……スゴい……君って……」

「そう、私ってスゴいのよ……あなたと……あなたと……ずっと、こうしていたかった……これからも……」

でも、これでもうお別れ……そんな惜別の気持ちを込め、靖子は3ヶ月前に比べるとすっかり敏感になった腰を前後に滑らせた。陰毛どうしがこすれあって伝わってくる、チクチク……とした痛みが、快感をより一層高める。

「もう……イキそう……」

靖子は、島田が達しかけると、巧みにスピードを落として、最後の別れを一秒でも遅らせようとしたが、遂にその時が……。

「イク……イクよ……ああ……」

「私も……い……くう！」

妊娠の危険はあったが、靖子は生身の膣で島田を受け止めた。ほとばしる精液が彼女の中を満たし、そして再び下へと滴り落ちていった……。

それから島田は彼女の前から完全に姿を消してしまった。携帯の番号も変わり、それまで暮らしていたアパートも引き払って、まったく連絡がつかなくなった。それと同時に、それまで右肩上がりだった彼女のセールスの伸びが、ぴたりと止まった。結局は、身近の付き合いで買ってくれる親戚、友人を開拓し尽くしてしまい、またPTAなどでの勧誘が禁じられてしまったことで、彼女の販路はほとんど絶たれてしまったのである。

それでも靖子が、このマルチから抜け出せなかったのは、ミーティングで得られる快感が、セックスのそれ同様、もしかしたらそれ以上に心地よいものだったからだ。虚栄心の強かった彼女にとって、会社の上層部に褒めそやされ、表彰状とセールス良好な者だけが受け取ることのできるリングを集めることは、何物にも変え難かった。

彼女は家の貯金に手をつけ、実家の両親にもできるだけの借金をして、自分で商品を購入し続けたが、新しい得意先は見つけられなかった。それでも売上ランキングを落としたくなかった彼女は、同じマルチ仲間に勧められて、人妻デートクラブでアルバイトを始めた。普通なら、豪華な毛皮や宝石などが簡単に手に入るはずのこの報酬も、マルチの商品を買うことで、右から左へと消えていった。

そんなある日、彼女が店から指定されたマンションの部屋を訪れると、相手は何と、彼女の子供が通う小学校の校長だった。校長は相手が自分の生徒の母親だということに驚き、絶対に口外しないでくれと申し出た。その代わり、継続的に洗剤を買ってくれる……と約束された靖子は狂喜し、校長の不潔な尻の穴を舐める間も、普段ならもどしたくなるような匂いがするのに、ある種の美味しささえ覚えたのである。

靖子は「舐めさせてくれ……」という校長の求めに応じて股を開き、ザラザラした舌の感触を楽しみ、それから遠慮がちに入ってくるペニスの動きを目を閉じて味わっていたのだが、次の瞬間、首を締められ、息が遠くなった……。

校長は三十数年間の教師生活で初めて、妻が一泊旅行に出かけたこの日を利用して風俗に電話をかけたのだった。ただでさえ罪悪感に満ちた行動だったのだが、よりによって現れた相手がPTAでなじみの顔だったことに驚き、自分の地位が危なくなることを恐れ、情交中に衝動的に相手を絞殺したのだった。校長の世間体を慮った旧知の警察幹部のはからいで、事件はほとんど表に出ることなく終わった。靖子はマルチの勧誘のため訪れた校長宅で心臓発作を起こし、そのまま息を引き取った……ということになり、夫も疑義を抱かなかった。葬儀は盛大に営まれ、マルチ会社からのひときわ大きな花輪が人目を引いていた。

第二章 騙し騙され、それでもカラダは求め合う……

●白衣の天使に抱いた淡い恋心は、やがて彼を制御不能なモンスターへと変えた……

見つめていたい男……。その歪んだ愛情と狂気の行方

【投稿者】木村良輔（仮名）／29歳（投稿当時）／会社員

1年ほど前、私は作業中に両手に火傷を負い、駅の向こう側にある病院に2週間ほど入院したことがあります。手が使えないので、排便などもいちいち看護師の手を煩わさねばならず、そのたびに憂鬱な思いに襲われていました。

理由はいくつかあります。まず、私は自分の局部が極端に小さい……というコンプレックスを持っていることです。そんな小さなモノを、一日に何度も、高飛車な態度を取ることが多い看護師に見せなければならないのです。これは男として大きな屈辱でした。

そしてもう一つの理由は、ふだんなら自慰行為で「抜く」ことができますが、両手を使えないこの状態では「溜まる」ばかり。そこへ妙齢の看護師たちがやってきて、有無を言わさず拭ったりされると……。

大半の看護師たちは露骨にイヤな顔を見せるのですが、中に一人だけ、いつもニコ

ニコと明るく笑顔で、私の排便を助けたりそこを拭ったりする時もマジメに、きちんと接してくれる女性がいました。名前を……仮に朱美さんとしておきましょう。女優の和久井映●に似た彼女は病棟でも人気者で、患者たちは誰もが世話をしてもらいたがったものです。

私の隣のベッドにいたのはいけすかない奴で、高校の体育教師をしている水野という男でした。水野は、偶然ほかの看護師が私の排便の世話をしているところを覗いてしまい、「木村さん、あんた、小さいねえ……」と賤しい言葉をかけてきたことがありました。

私はそれ以来、この男に憎悪にも似た感情を覚えていたのですが、朱美さんが私の世話をしようとベッドの周りのカーテンを閉めようとすると、水野は「朱美さん、木村さん(私のこと)はすぐ興奮するから気をつけたほうがいいですよ。テレビでラブシーンになると、いつも顔を真っ赤にして食い入るように見てるから」と余計なことを言います。「もっとも、興奮したところで、あれじゃ、どうしようもないだろうけど」

この言葉に、私はほとんどブチ切れそうでした。

すると彼女は、「水野さん、ダメですよ、そういうことを言っては」と厳しくたしなめてくれたのです。そして、私に向かって、「木村さん、何かつらいことがあったらすぐ私に言ってくださいね」と優しく声をかけてくれたのです。この瞬間、私は朱美さんこそ私の運命の女性だと悟りました。

私は退院すると病院の通用口が見える喫茶店に入り、毎日勤務を終えた朱美さんが仕事を追えて出てくるのを待ちました。最初のうちは、その一瞬の出会いで満足していたのですが、1週間もすると、四六時中彼女を見ていたくなりました。何としても彼女の住んでいる場所を突き止めなければなりません。

思いを決したある日、私は彼女の後を尾行し、彼女の部屋を突き止めました。

私はいろいろな手段を使って、窓を開ければ彼女の部屋に手が届きそうな、隣のアパートの一室に入居し、彼女の行動パターンのチェックを始めました。お酒を飲みに行ったりすることもほとんどなく、部屋でテレビを見て過ごすのが好きなようで、彼女の1週間はほぼ、判で押したようなタイムスケジュールで過ぎていきます。ごくまれに、カーテンを閉め忘れて出かけることもあって、そんな時は双眼鏡で一日中、彼女の部屋の中を眺めて過ごしました。窓際に白い清楚な下着が干されているのを発見したときの感動は、忘れることができません。

やがて見ているだけでは満足できなくなり、私はプロに依頼して彼女の部屋に盗聴器を取りつけました。私は彼女の声を楽しみながら、朝から晩まで、好きなときに自慰を楽しむようになりました。

ある日、彼女がひどく酔って帰ってきたことがあり、そのみっともない様子はイメージをひどく損ねるものだったので、私は匿名の手紙を書きました。

「お酒を飲み過ぎてはいけません」

翌日、留守中にポストに手紙を入れて、彼女が帰ってくるのを待ちました。彼女はいつもの時間に部屋に戻り、手紙を開けると……とたんにとても不安そうな顔になり、部屋のカーテンを音を立てて閉めました。

その夜、部屋には遅くまで明かりがついていました。私はただ忠告したいだけだったのに、かえって彼女を不安にさせてしまったようです。どうしたらいいのか……私は翌日、２枚目の手紙を書きました。

「睡眠不足は美容の敵です」

翌日、彼女は部屋に戻ると、再びその手紙を見て、カーテンを堅く閉めると、電話をかけ始めました。「あ……朱美です。ちょっと不安なことがあって……悪いけど、これからいらしていただけないかしら？」

一体誰を呼んだのか？　女友達か？　でもあの口ぶりからすると、男か……。

30分ほどすると、隣のアパートの前に自転車が止まる音がしました。そしてノックが聞こえ、誰かが部屋に入ってきました。その声……忘れもしない、あのいけすかない体育教師の水野ではありませんか！

彼女は、昨日から奇妙な手紙が舞い込んできて当惑していること、このところずっと誰かにつけられているような奇妙な感じがすること、もしかしてこの部屋ものぞかれているのでは……と不安を水野に訴えているのです。よりによって水野とは！　身体の底から怒りが湧き上がってきました。

おまけに水野が、「もしかして、木村じゃないのか？　もっともあいつのサイズじゃ、具体的に何もできんだろうけど……」などと、暴言を吐くのです。私はどうやっても、この男を怖い目に合わせてやろうと思いましたが、朱美さんは、「やめてよ……

木村さんはいい人よ」と、訳のわかったことを言います。私は改めて、彼女への愛を感じました。

水野はそれから、

「とりあえず、今夜は俺が泊まって行くよ。安心させてあげる」

「イヤだ……あん……」

高性能盗聴マイクを通して、衣ずれの音が聞こえてきます。私は全身を耳にして、そこから伝わってくる信じられない出来事に集中しました。水野への怒りと、愛する朱美さんのセックスを聞くことができる喜びとが渾然一体となって、私は生まれて初めて味わうような淫らな興奮の中にいました。

「水野さん……好き」

「朱美……」

ちゅぱ、ちゅぱ……という二人の唇が互いの身体をまさぐる音が際限なく聞こえてきたかと思うと、今度は朱美さんが、

「ねえ……水野さんの大きいの、見せて……」

と、甘く囁きます。

「すごい……こんなに……」

「ああ……朱美……」

なにかを行儀悪く食べているかのような音が、私の耳に響いてきます。水野の股間に顔を埋め、その汚らしい男根を一心不乱にしゃぶる朱美さんの映像が浮かんできます。

「たまらない……一体どこで、そんなこと覚えたんだ？」

「ふふふ……知りたい？　でも、ヒミツ」

ぴちゃぴちゃ、ぺろぺろという湿った音と時折聞こえてくる水野の呻き声は、私が今まで聞いた中でもっとも卑猥なものでした。

「ああ……ダメだ……もう……」

「イッても……いいのよ……」

「あ……朱美……い、イクぅ……」

音が少しおさまったかと思うと、ゴクリ……と何かを飲む音が聞こえてきました。朱美さんが、不潔この上ない水野の精液を飲み干したのでしょう。私もその瞬間、信じられないほど興奮しており、股間に伸ばした指に力を込めたところ、どぴゅりと射精してしまい、部屋の中を汚してしまったのです。

　私は慌てて、雑巾で部屋の中を拭おうとしましたが、すぐにまた隣から、休む間もなく淫らな音が響いてきました。

「……イヤだ、恥ずかしい……」

「好きなクセに……こんな所にホクロが3つもあるな……」

「……ふふ」

　さっきよりも、もっと荒々しいぴちゃ、ぴちゃという湿った場所を啜るような音。そして「あん……」という切なげな朱美さんの呻きが、私の耳をさらに激しく刺激し、ペニスも再びムクムクと起き上がり始めました。

　頭に被ったヘッドホンからは、さらに激しく朱美さんの喘ぎ声。おそらく水野に脚を180度開かされて、その真ん中をペロペロと舐められているのでしょう。

「いやだ……もう……やめて……」

「おいしいよ、朱美」

「だって……お風呂にも入ってないのに……もしかしたら誰かが、私たちのことを覗いているかもしれないのに……」

「そう思うと、余計感じるのか？」

「そんな……イヤだ……」

「じゃこれはどうだ……」

「え？　もう？……」

もう？　という朱美さんの言葉は、「もうインサートするの？」という意味だったのでしょう。しばらくすると、パン、パンというリズミカルな肉と肉とのぶつかる音がして、そして「朱美……」「あ……ヤダ……ダメ……もう……いっちゃう……」という、言葉にならない言葉が後から後から溢れでてきたかと思うと、再びの静寂。もちろん私も、2度目の射精。さっき出したばかりなのに、また大量の精液が後から後からほとばしり出て、私はちょっとびっくりしてしまいました。

しばらくすると、ヘッドホンからは二人の寝息しか聞こえてこなくなりました。私もある意味疲れてはいましたが、水野へ天誅を加えるやり方、そして朱美さんのことを本当に考えているのは私だ、ということを彼女に知らせるためにどうすればいいかを、まんじりともせずに考えました。

翌朝、まだ夜が明ける前に、私は白い紙を取り出し、「そんな所にホクロが3つもあるんですね」と手紙を書いて、彼女の郵便受けに落とし込みました。

　それから私はアパートの前に止まっている「〇〇高校体育科」と書かれた自転車のブレーキワイヤを、ペンチでねじ切る寸前で止めます。これで、急ブレーキをかけたりすればワイヤが切れて事故につながるはずです。しかもこのアパートは高台にあるので、ここからどこへ行くにも、とりあえず急な坂を下りていかなければならないのです。

　しばらくすると、朱美さんの部屋から水野が目をこすりながら現れ、自転車にまたがると、体育教師らしい猛スピードで走り去っていきました。そしてしばらくすると自動車の急ブレーキ、そしてガシャーン！　という鈍い衝撃音が遠くから聞こえてきました。

　夕方、私は朱美さんを病院の出口で待ちかまえて、また後をつけました。朱美さんは水野と待ち合わせているのでしょう、喫茶店に入って所在なげにコーヒーのカップをスプーンでかき回しています。私はなるべく彼女に近い席を取り、鏡を使ってその様子を観察していました。

　何度も携帯で電話する様子が見え、しかし相手は出ないようで、しばらくすると別の場所にかけている様子です。私は耳を澄ませ、その会話を聞き取ろうとしました。

「〇〇高校ですか……体育の水野先生をお願いしたいのですが……交通事故⁉　重傷で……S市の総合病院へ運ばれたって……」

彼女は茫然自失の様子で、フラフラと自宅の方向へ向かいました。私も後を追います。郵便受けから手紙を取り出すと、部屋に入るのが怖くなったのか、その場で封を切り、目を通して……そしてワナワナと震え出して……。私は意を決して彼女の前に姿を現しました。

「朱美さん……」

「き……木村さんなの？　あなたなの？」

「そうです。僕ですよ。ずっとあなたのことを思い続けて、今も、未来も、一番思い続けているのはこの僕なんです」

彼女は悲鳴を上げようとしているようでした。何でだろう、私はずっと彼女のことを愛し続けているのに、この私を恐れる理由なんか何もないはずなのに。

「こっちへ来ないで！」

話せばきっとわかってくれる、私はそう思って、入院中に盗んでおいたクロロホルムを彼女に嗅がせると、フラフラになったところを抱きとめるようにして、すぐ隣の私の部屋へと連れ込みました。

目の前で見る彼女の顔は本当に美しく、気がつくまで待っていようと思っていたのですが、私は激しく欲情してしまいました。どうせ愛し合っているのだから、先にしてしまっても問題ない……私は彼女の衣服をはぎ取りにかかりました。ピンクに盛り上がったさくらんぼのような乳首、そして薄めの陰毛、その下をかき分けていくと、湿り気を帯びたその部分が、赤黒く私を手招きしています。

私は、思わず勃起したモノを……サイズは小さいのですが……を、何も考えずにそこに突き立てました。なんとも言えない温かさで、心が温かい女性は、性器も温かいのかも知れない……私のペニスは、長い間夢見た朱美さんの膣の感触を思う存分味わい、全身の血液がそこに流れ込んでいるかのような感触が伝わってきました。

クイ、クイ……と腰を動かしながら、私は目を閉じた彼女に立て続けにストロボを浴びせて、何枚も何枚も写真を撮りました。その眩しさに気づいたのか、彼女が目覚めました。

「木村さん……ヤダ……どうして……」

「朱美さん……僕らはこうなる運命だったんですよ……こんなに濡れてるじゃないですか……」

「やだ……ヤメて……お願い……」

「でも感じてるんでしょ。こうやって、短小ペニスのヘンタイ男に犯されてる状況って、すごくスケベで、朱美さんみたいにスケベな女の人にはたまらないんでしょ?」

「ダメよ……あなた……」

そう言いながら、彼女の声は次第に艶っぽくなってきて、私の小さなペニスも、膣がだんだん狭まって、しめつけられて……。

「こんなに感じてるクセに……」

「ああ……ダメ……私、まじめな看護師なのよ……こんなことしちゃダメ……ああ……でも……」

「でも……?」

「ああ……私……やっぱり……インラン……ダメ、やめないで、もっと突いて!」

「イクよ!……ああ、朱美さん!」

「ああああああ！」

私は夢にまで見た彼女の中に、夕べあんなに出したのに、まだまだいくらでも出てくる不思議な精液を、後から後から注ぎ込んでいました。

さすがにこの何日間かのハードスケジュール、そして憧れの朱美さんとセックスできたという喜びで、私はほどなく深い眠りについていました。

目覚めると彼女の姿は消えていて……驚いたことに、隣の部屋も、もぬけの殻になっていました。もともとたいした家具も持っていなかった彼女ですから、引っ越すのもたいした手間ではなかったと思いますが、それにしてもこの早業……。病院に問い合わせても、「辞めました」と言われるばかり。

私から逃げたつもりでいるのでしょうが、録り貯めた盗聴テープを注意深く聞けば、居所につながる手がかりがあるでしょう。幸いなことに眠っている彼女を犯している現場写真もたくさん手元にあります。こうやって、逃げる自分を、どこまでも追いかけてほしいという一種の愛情表現なのでしょうが……女心というのは厄介なものですね。

●医師の友人から違法に薬物を手に入れ非道の限りを尽くす……その男、本物のヴィラン

道楽息子を利用する悪魔の様な男は今宵も生贄を探す

【投稿者】北川　稔(仮名)／36歳(投稿当時)／不動産経営

私の友人に、Tという医師がいます。Tは、学部を卒業して国家試験に通った後、しばらく出身大学の病院に勤めていたのですが、遊びすぎで医療ミスを起こして患者を死なせてしまいました。新聞ざたにはならなかったものの、その病院にはいられなくなり、私に泣きついてきました。

「開業しようと思ってんだけどよ、お前、ビルたくさんもってんだろ。どこか立地のいい物件、タダで貸してくれないか。それから医療器械を買う金もいるんだ。こいつも貸してもらえると助かるんだけどな……」

いくら私がこの街で一番古い不動産屋の三代目で、いくつも貸しビルを経営しているとは言え、これはかなり無茶な要求でした。でも私は、このいかにもお坊ちゃんっぽい世間知らずな物の言い方が大好きなので、

「わかった。好きにしろ。ただ、ちょっとオレにも計画がある……」

と、条件付きで要求を受け入れました。

「計画？　なんだい、そりゃ」

私の計画……それは、Tを中心に私、そしてやはりこの街で会計事務所をやっているJや老舗の酒屋を経営しているMを仲間に引き込んで、この診療所を舞台に面白い遊びをしよう、というものでした。

私もTも、そして遊び仲間のJ、M、みんなそこそこの金を持っており、しかも全員無類の女好き。たいていの遊びはし尽くしてしまったので、何か新しい刺激に飢えているところだったのです。

私の計画はこうです。診療所の一角を区切って、入院患者を受け入れられるように改造する。もちろん、実際には患者が入院することなどはなく、豪華なダブルベッドや冷蔵庫、ソファなどを置いて、ここに女を連れ込んでみんなで輪姦せるようにする。他にメンバーがいない時は、誰かが専用にここを使ってもかまわない。

さらに、Tの専門は内科ですが、あの婦人科用の診察台を設置して、診察室でもプレイができるようにする。看護師に見つからないよう、ロープやバイブなどを隠しておく秘密の戸棚も作ってプレイに備える……。

「面白いじゃねえか。それで女の調達はどうするんだ?」

「まあ、合コンで引っかけるんだな。診療所は小綺麗な、女の好きそうな店の入ってるビルに作ってやる。そこで飲んで、酔わせて、場合によっちゃ……」

「……クスリか?」

「医者が仲間にいるんだ、安全だろ」

「……それはまずい、もし何かあったら医師免許取り消しになる」

「じゃこの話はご破算だ……他をあたれ」

「いやあ……それは……」

こうして私達の享楽の日々がスタートしました。一度、一線を踏み越えてしまうと、Tも度胸が座ったのか、女の子のグラスに睡眠薬をほうり込むことに、何の罪悪感も持たないようになりました。

ある日、Tが女子大生二人組の上物を引っかけてきました。ファッションはいかにもお嬢様風で、ピチピチした水を弾きそうな肌が張り詰めてたまりません。

二人なので他のメンバーには声をかけず、上の部屋に連れ込んだところで連絡することに。複数の女を連れ込むといろいろ面倒なので、私達はどんなに上玉揃いでも、犯るのは一度に一人だけ……と決めていました。地下のオシャレっぽい店に連れ込み、世間話で盛り上がります。このあたりはTも私も年季が入っているので、昨日や今日、遊び始めたお姉ちゃんたちをダマし、いい気にさせるなど訳もないことです。

（どっちにする……？）

（髪の長い方にしよう……）

私とTはアイコンタクト。Tは、どことなく酒井●紀を思わせる、清楚な感じの髪の長い女のグラスに、慣れた手つきで睡眠薬を流し込みました。

およそ30分後。

もう一人の女の子が、「私が……送っていきますから」と言うのを、「いや、今動かさないほうがいいよ。ちょっと休ませたら、僕が送っていくから……」とTが押しとどめます。何といっても、こんな時、Tの医者という肩書きは役に立ちます。ターゲットが一人になると、私達は早速、朦朧としたその女を両側から抱きかかえるようにしてエレベータに乗せました。このまま、上の診療所まで連れていけばいいのですから、楽なモノです。

女の脇を支えていると、以外に豊かなバストの重みが腕に伝わってきます。もうそれだけで、私の股間はビンビンに育ってしまっていました。

私達は女を病室に連れ込むと、ベッドの上に置きました。女はもう何もできず、すぐに寝息を立て始めます。意識がなくなったのを見て、Tが女を脱がせにかかります。そこへ電話を聞いたJとMも駆けつけ、ニヤニヤしながらTの仕事ぶりを見ています。Jはロッカーを開け、中からビデオカメラと三脚を取り出してセットしました。こうして記録を残しておくことで、女たちの口を封じることができるのです。もっとも、ここで犯されたことで私達とのスリリングなセックスに目覚めてしまい、気のおけないセックスフレンドになってしまう女も少なくないのですが……。

Tはあっと言う間に女を脱がせてしまいます。奴によれば、医大には、患者が意識を失っているときに服を脱がせる授業があるんだ、とのことですが、私は疑ってます。

全裸になり、仰向けに横たわった女子大生は、さっき私が感じた通りに、服の上からでは分からない「隠れ巨乳」。長い髪がバストにかかって、なんとも言えない眺めです。Tは、脚を大きく広げさせると、局部を観察していましたが、「ヒュー」と口笛。

「どうした？」

「こりゃ……処女かもしんねえ」

「なんだって？」

「ヤバイか？　やめとくか？」

「何言ってんだ……こんな素晴らしい場所で処女喪失できれば、一生の思い出だろ。俺が最初にもらうぜ……」

私は大きく股を開いた彼女のその部分へと近づき、ローションをたっぷり振りかけると、そこへ指を伸ばしていきました。

なるほど、処女かもしれないというだけあって、その眺めはまるで高原のお花畑。しかし縦に大きく入った筋と、その両わきに盛り上がる土手は、彼女自身の意思とまったく関係なく男を誘っています。

ローションのひんやりした感触に、彼女は少し顔をしかめましたが、睡眠薬の効果は絶大で、ぐっすりと眠っています。耳に聞こえるのは、ジー……と低く唸る、ビデオカメラの回る音だけ。私は、ピチピチと張った両方のフトモモを抱えると、その真ん中のローションでぐっしょり濡れた部分目がけて、もう爆発寸前という感じに大きくなったペニスを突き立てていきました……が。

ちゃんとそこを目がけて腰を突き立てても、やはりまだ蕾の体、その門は意外に固く、まだ私を受け入れる準備はできていません。何度か試してみましたが、結果は同じ。もう少しでインサートできそうなのですが……。残る3人も、かたずを飲んで、私の動きを見つめています。

「おい、お前ら、女の肩を抑えてろ」

Jはカメラを操作しているので、残ったTとMが、二人で女の肩を押さえつけ、動けないように固定しました。私は今度こそ……の思いを込めて、ペニスを前へ、前へ……と動かしていきました。すると……

つるん……とした感触が伝わってきたかと思うと、次の瞬間、私のペニスは根元まで女子大生の膣に包み込まれていました。四方八方から締めつけられる感覚はまさしく処女。あまりの痛みに、彼女は一瞬、正気を取り戻したかと思いましたが、すぐに顔をしかめて横を向き、苦しそうな表情を見せています。

「痛むのかな?」

「今は薬がきいてるから大丈夫なはずだ。明日あたり、痛むかも知れんが……」

締めつけられる感触を楽しんでいるうち、少しずつ動きやすくなってきました。出血したのか、あるいは愛液かわかりませんが、何か液体が少しずつ流れ出して、私の動きをスムーズにしてくれています。最初は何ミリかぐらいしか動けなかったのが、だんだん何センチぐらいずつ動けるようになってきて……。

「あン……」

女の口からは際限なく苦しげな吐息が漏れてくるのですが、その色っぽいこと……。

「おい、早く代われよ」

「バカヤロー、お前らのために、今中を広げてやってるんじゃねえか……」

挿入してから1時間近くかかったのではないでしょうか……私は、ようやく普通の女を相手にしているぐらい腰を縦横無尽に使うことができるようになり、パン、パン……という心地よい音が。

「そろそろ……イクぞ……」

私はペニスを膣から引き抜くと、彼女の苦痛に歪んだ顔を目がけ、精液を振りかけました。これほど長く挿入して動かしたのも久しぶりだったせいか、後から後から吹き出てくる白い液体の勢いの良さには、私自身がびっくりしたほどでした。

そのままシャワーを浴びて、タオルを巻き、ビールを抜くと近くのソファに座り、他のメンバーたちが彼女を犯す様子を眺めながら喉を潤しました。目の前で女が犯されるのを見ながら飲むビールほど、うまいモノはありません……。


それから一週間ほど経って……。


私のところに電話がかかってきました。誰かと思えば、あの処女をレイプした夜、先に返したもう一人の女の子でした。

「お話があるんですけど……」という彼女を、私は会社に呼びました。部屋にはエアコンをガンガンきかせ、極端な乾燥状態にしておきました。

先日のラフなスタイルとは打って変わってかっちりとしたリクルート風のスーツ姿の彼女は、あくまでも礼儀正しく、私の前に座りました。

「先日はどうも……友達を送ってもらって、ありがとうございました」

「いや……かなり酔ってたみたいだから、上の部屋で少し寝かせてね。僕らも反省してるんですすよ……」

4人に次々に犯されても、彼女は睡眠薬の作用でずっと眠ったままでした。Tは股間の裂傷などを点検して、また膣に何も痕跡が残らないよう綺麗に処置してから服を着せ、家まで送り届けたので、彼女自身はまるで何がなんだかわからないはずでした。

「で、今日は何か？　就職の相談？」

「いえ……もしかして彼女が、眠っている間に何か……あったんじゃないかな……って」

「何か？」

「いえ、その……あの次の日、彼女に会ったら、歩き方がヘンで……」

「ほう？」

「あれは、まるで……」

「まるで？」

彼女は顔を真っ赤にしてうつむきました。私は、この女も食べてしまおう……と心に決め、エアコンをさらに強くしました。これだけ部屋を乾燥させれば、喉が渇いて、用心していても飲み物に手を伸ばすはず……。私は、ロイヤルミルクティーを彼女に勧めました。中にはTから渡された睡眠薬がたっぷり入っていますが、濃いミルクと砂糖の味で、まったくわからないはずです。

「まあ、お茶でも……」

「うわあ、ロイヤルミルクティー。大好きなんです……」

彼女はニッコリ、ほほえみました……。

およそ30分後、ほとんど意識をいかけた彼女は、私の腕の中で必死に抵抗を試みますが、薬でヘロヘロになっており、どうすることもできません。私の部屋だけは別フロアになっているので、社員に声が聞こえる心配もないのです。

「やめて……お願い……」

「君はキケンを承知で僕のところに来たんだろう?」

「そんな……私は……」

「一体何をしに来た?」

「彼女に何があったのか……犯されたのなら警察に言うように……」

「違うな……」

私は彼女の衣服をすべてはぎ取ると、局部に舌を這わせました。

「いい香りだ……」

「イヤ、やめて……」

「君も犯されたくてきたんだろう？」

「違う……違う……」

「いや、そうに違いない。もうこんなに……濡れているよ……」

「そんなんじゃない……ああ……違うの……」

しかし、女の体は欲望に正直にできているものです。あの堅く、押し入るのに手間のかかった女の友達とは思えないほど、こちらはぐっしょり濡れていました。指を差し入れると、「やめて……」と呻きながら、自然に股が開かれていくのです。きっと、抵抗することで自らの性感を高めていくタイプなのでしょう。指で中を軽くかき回しただけで、後から後から滝つぼのように、愛液が滴り落ちてくるのですから……。

「聞こえるだろ、ヌプ、ヌプって音が」

「イヤだ……」

「これがお前だ、スケベな雌犬の証拠だ」

「ヤだ、やめて……」

「犯してほしいんだろう？　俺のペニスで思い切りかき混ぜてほしいんだろう？」

「違う……そんなことない……イヤ……」

体を弓なりにのけぞらせ、必死に感じるまい……と努力している様子はいじらしいほどでしたが、そんなことで私は前進するのをやめるわけにはいきません。あれから一週間、ちょうどいい具合に精液がチャージされたペニスは、新たな獲物を求めて疼いています。

彼女はソファの上で、不自由な体を少しずつ動かし、逃げ出そうとしますが、ムダな努力でした。私は太腿をがっしりとつかまえると、いきり勃つペニスを一気にググ……と、奥まで押し込みました。

「い……ヤ……」

こないだの女に比べると、こちらはやや貧乳ぎみ。しかし、陰毛の生え方はジャングル状態で、その真ん中のこんこんと湧き出る泉はオアシスのよう。女のその部分としての成熟した魅力は、処女の比ではありません。

「スケベなんだね、キミは……」

「……そう思う？」

私はクイクイ、腰を動かしながら、苦痛と快感の波に顔をゆがめる彼女の表情を観察していました。女のエキスをちりばめたような顔の美しさはたまらないものがあり、私は不覚にもすぐに達してしまったのです……。

膣からペニスを抜き、今度は彼女の口に突き立てると、驚いたことに自分からチュウチュウと吸い付いてきて、私の精液を一滴の残さず飲み干してしまったのです。

「ザーメン、好きか……」

「……う」

彼女は自分の大胆な行動にびっくりしてしまったようで、また顔を赤くしてうろたえています。そんな様子がたまらなくキュートで、私の股間は再び元気にムクムクと勃ち上がってきました。この女との付き合いも、長くなりそうな予感がしています。

●男性は、医者だけしか出席できないというお見合いパーティーに顔を出し、嵌められた女

その男の肩書きにまんまと騙されてしまった私……

【投稿者】亀山美津子（仮名）／29歳（投稿当時）／会社員

その日、私は友達の佑美子に誘われ、男性は医者だけしか出席できないというお見合いパーティーに顔を出していました。こんな所に出てくるくらいですから、まあ、見かけは今一つ……というオトコばかりでした。でも中で一人だけ、身長は180センチ近くあり、顔もジャ●ーズ系一歩手前……という感じの、イイ感じの男がいて、「医者ならいいか……」と、近づいていきました。

佑美子も、当然のようにその男に目をつけていたようですが、彼が私と話し込んでいるのを見ると、あきらめたようで、冷たい視線を飛ばしながら別の男を探しに移動していきました。あ〜あ、今度、佑美子に何かゴチソウしなきゃな……なんて思いながら、私は彼との話に夢中になっていました。

だって彼、私と同じ、サザンの大ファンだって言うんですもの。ファン同士って、初対面でもいくらでも話ができるんですよね。それに佑美子はサザン、そんなに好き

じゃないし……（彼女はグ●イ好きなんです）。

そういう話になったのは、ＢＧＭで会場に流れていたのが、「ＴＳＵ●ＡＭＩ」だったから。彼が鼻歌でＢＧＭに併せて口ずさんでいたので、「サザン、お好きなんですか？」って聞くと、「そうなんですよ」って。

実は私も大ファンで……というところから話が始まり、けっこう同じアルバムが好きだったり、実は同じコンサートに行ってたりしたこともわかって、もう大興奮！

おまけに医者だし、ちょいアイドル系だし、もしかしたら赤い糸の人!?　ってぐらいまで私の想像力は働いていたのです。

パーティーはあっと言う間にお開きの時間となり、私たちは当然のように二人でそこから別の場所に移動して、お酒を飲みながら話を続けることになりました。

彼が連れていってくれたのは、行きつけらしいシティホテルのバー。入っていくと、お店の人が「お久しぶりです……」なんて言いながら近寄ってきて、席に座ると当然のように高そうなスコッチのボトルが出てきて。さすが医者！　医者ってステキ！

そう言えば自己紹介してなかったよね……という話になり、改めて名乗り合い、サザンの話をまじえながら、彼が大きな病院の勤務医であること、独立を考えているけど資金がなくて困っていること……などなど、いろいろ聞かせてくれました。

「でも、資金がないって……こんなステキなバーで、高いお酒が飲めるのに？」

「そりゃ医者だからね、こういうところで飲むぐらいの金は困らない。薬屋と来れば接待してくれるし。でも独立となると、かかるお金の額が違うんだ」

「ふーん……」

私は、結婚資金に……と思って、社会人になった時からずっと貯金を続けていて、今では1千万近い金額になっていました。医者と結婚できるかもしれない……と舞い上がっていた私は、そのお金を開業資金の一部に提供してもいい、とまで思っちゃったほど。

私も、自分の話を彼に求められるままにしました。金沢から上京して大学に入り、そのまま東京に残って就職、何度か恋愛も体験したけど結婚するほどの人とは巡り会わなかったということ。大学在学中に両親は相次いで亡くなってしまったこと、などなど……。

「そうか……ご両親も亡くなられて、一人暮らし……寂しいね」

「でも……なんか、これからは、あんまり寂しくなさそうな予感がするの」

「予感……ね。明日は朝、早いの？」

「……ううん……予定はないけど」

「ここの上に部屋、とってあるんだ。よかったら、静かなところで、もう少し、飲んでいかない？」

さすがに男性との経験がないわけじゃないし、エッチだって人並みに好きだとは思うけど、でも出会ってからほんの4時間ぐらいしか経ってない男としちゃうなんて……というためらいがなかったといえばウソになります。

でも、お酒も回ってきてたし、もしかしたらこの人、私の運命の人かも知れないし（……って、その夜はほとんど信じちゃってました）……気がついたら私、眺めのいい四十何階かの部屋で、彼とキスしてたんです……。

「かわいい人だね……」

「そんなことないよ……佑美子には、いつも口とんがらかしてるって言われてるんだ……」

「そういうのが、かわいいのさ」

「言ったたな……」

とっても自然に唇を重ね合わせると、彼が優しく私を抱き締めてくれて……。こんなに舌を絡め合うキスって、もしかして私、今までしたことがなかったかもしれない、キスってこんなに気持ちいいものだったの？

「シャワーを浴びる？」

「……ええ」

こんなにドキドキしながらシャワーを浴びたのは、初めての経験でした。失礼のないように、って……アノ辺にお湯を浴びせたら、なんだか気持ちよくなっちゃったりして……。

さすがにシャワーを浴びると、少し理性も戻ってきて、次に彼が浴びている間に（逃げるなら今がチャンス……）（でもここまで来たらもう……）などなど、いろいろな思いが頭の中を駆け巡ったのですが、結局私はそのまま体にバスタオルを巻いたまま、窓の外に広がる景色を眺めていました。

彼が後ろから近づいてくるのがわかります。どうなるのだろう……と思う間もなく、彼は私を後ろからきつく抱き締めました。そして、うなじから耳へと優しいキス……。

「あ……」

「気持ちいい？」

「ええ……」

彼は私を優しくベッドへと誘い、頭のてっぺんからだんだん下に向かって、唇を動かしてきました。普通だったらこそばゆいような動きが、こういう場面に慣れているからなのか、なんとも絶妙な感じで、彼の舌が私の肌を動くたびに、まるで極上の羽毛で撫でられているかのような、宙に浮いたような気分にさせられて……。

「胸、大きいんだね」

「ふふふ、ちょっと自慢なんだ……あン……」

彼が軽く、コリッと乳首を噛むと、苦いような甘いような感じが全身を走り抜けて、もうたまらないって感じに。どこかエッチなスイッチが点火されちゃったみたいで、アソコがじわり、じわり……と湿り気を帯びていくのが自分でも手に取るように分かるんです。こんなのって、初めて……。

それから彼は、胸からお腹へ、そしてもっと下へ……。一番敏感な部分に彼の舌が触れたとき、また、これまで味わったことのない甘く、小刻みな震えが私の身体を襲いました。

「ヤだ……私、いったい、どうしちゃったの」

「びっくりした?」

「……ええ」

「僕は医者だからね、女の人のどこをどうすれば、どんな風に気持ちいいのか……全部わかってるのさ」

「ウソ……」

私はそれから、目の前に差し出された、彼の黒光りするモノを自然に口に含みました。こんなテクニシャンの彼に、私みたいなアマチュアがサービスするのもどうかな……って思ったんだけど、彼がされたがってるみたいだったし、私も……気分がノッてて、すごくしたい気分だったし……。

軽く口に含んで、唇でだんだん締めつけるようにすると、「すごい……気持ちいいよ……キミ、上手だね」って。「もっと下の方もしゃぶってみて……そう、そうやって……ハーモニカを吹くみたいに。覚えてる? 小学校のときに吹いた? そう……すごい……ねえ、フクロのほうまでしゃぶってくれる?」……彼に命じられるまま、その通りに動いていくと、彼がとっても気持ちよさそうにノドをゴロゴロ……って猫みたいに鳴らして。そのうちに、先っぽからジワジワと、なんだか液が染み出してきて……。「最高だよ……いいかな？」

私は仰向けに寝かされ、大きく脚を開かれて、お医者さんが上から覆い被さってきました。普通は白衣を着てて、聴診器なんか下げてたりするけど、このお医者さんは真っ裸で、私の身体を引き裂くかのように、熱くて大きなモノを勢いよく差し込んできました……。

私の子宮の奥の壁をノックしている硬い棒は、さっきまで私の口の中でピクピク震えていたんだ……。それから私はうつ伏せにされると、今度は後ろから彼は入ってきました。まるでドライバーでネジを埋め込んで行くときみたいに、彼はペニスを器用に中でグリグリ回したかと思うと、ちょっと離れて奥まで突いてきて、もうそのバラエティ豊かな動きに私は快感に溺れっぱなし！

「ああ……スゴい……私、もう、ダメかも……」

「ダメって……な……何が」

「もう、イッちゃいそう……」

「イッていいんだよ、遠慮なんかすることないさ、怖がることはない」

「……いいの？　イッちゃって、いい？」

「いいさ、一緒に……」

「……ホントに？　私、もう……イッちゃう」

「ボクも……アアア！」

彼が私から離れると、私はどこまでも落ちていくかのような初めてのエクスタシー。彼が後から後から、私の背中に精液を浴びせかけてたみたいだけど、もう何もかもわからずに……。今までも、エッチして、気持ちよかったことは何度もあるんだけど、こんなに何もかも忘れて溶けちゃった……みたいなのって、ホントに初めてだったんです。

しばらくして、正気に戻った私達は、ベッドに並んであおむけに横たわって、とりとめもない話をしていました。

「ホントはね……開業してから、じっくり結婚を考えようと思ってたんだけど。なかなか資金もたまらないし、スポンサーもつかないしさ。とりあえず僕を好きになってもらって、一緒に苦労してくれるみたいな……そんな人に出会えたら、って思って。

そしたら君に巡りあえた。焦らなくていいから、じっくり、僕と付き合ってもらえないかな」

「……うれしい」

私は首を横に向けて、彼の横顔にキス。キャッ、恥ずかしい～。

「開業するのって、お金がかかるの？」

「ハンパじゃないね……親が開業医で、それを受け継ぐのでもない限り、新規に開業するのはホントに大変なんだ」

「勤務医はイヤなの？」

「これからは高齢化社会になるからね。地域医療に自分の力で貢献したいんだ。群れるのは肌に合わないし。僕はどっちかっていうと一匹狼のタイプなのさ」

（カッコイイ～）

「ねえ、私、少しなら貯金あるよ。今日出会ったばっかりだし、貸してあげる……っていうのもヘンに思われるかもしれないけど、でも私……なんかね、あなたが私にとって、運命の人みたいな気がするんだ」

1週間後、私達は、初めて会った時と同じホテルにいました。それから毎晩のように会って……開業に関する資料とかもいろいろ見せてもらって。こんなに人柄もいいし、カラダも丈夫だし(テクもあるし……関係ないか)、私、この人と一緒になる……って、自分で決意して、彼に今まで貯めた1千万近くのお金を貸すことに決めて、きょう、このホテルに持ってきて手渡すことになったんです。振り込むから……って言ったんだけど、お金の重みを自分で感じておきたいから……って彼が強く言うので、怖かったけど現金にしてここまで持ってきたんです。

「借用書、書くよ」

「いいの。そんなもの。私……あなたのこと愛してるから。はい、これ、約束のお金。早くしまって……気が変わるといけないから」

「本当に助かる。これだけあれば、3ヶ月先には開業できると思う。そしたら……」

「何?」

「一緒に住もう。結婚しよう」

「わかったわ。結婚しましょう……。お金も返してくれなくていいわ。そのかわり、私をしあわせにしてね」

「約束するよ」

彼は私を優しく脱がせると、この間と同じように仰向けに寝かせ、アソコに優しく指を伸ばしてきました。

「もう濡れてるんだね……そんなに僕と、したかったの」

「そんなこと、女に言わせないで……」

彼は1週間前よりも、よりワイルドなアニマルに変身していました。私のしっとりと濡れたその谷間に、指を差し込んだかと思うと、中で激しく小刻みに動かし始めて……。

「やだ……もっと優しくして……お願い……」

「すぐに気持ちよくなるさ……ほら、このあたりは……どうだい？」

彼は、私の中に指を入れると、第2関節のところで上向きに曲げて、膣の上の方を軽くひっかくように震わせてきました。え？　そんなところが……どうしてそんなに感じるの？　彼との本格的なエッチはこれが2度目だったけど、やる度に違う角度から攻めてきて、初めてのエクスタシーを何度も何度も感じさせてくれて。

確かに、ペニスを入れてもらうのも楽しいし、大好きだけど、意思のままに中で動き回る指もステキ……。あんな所、こんな所、私はカラダの奥の一番深いところを内側から優しく、そして大胆に刺激されて、すぐに理性を失っていました……。

脱いだ時の彼は、そんなにいいカラダにも見えないんですけど、でも筋肉の力はものすごいんです。彼は、ベッドの上に座り、私を向かい合うように座らせてそのまま挿入すると、私の手を自分の首に巻きつかせて、そのまま立ち上がって、腰を激しくグラインドさせて……。「駅弁なんか、してくれる男、今までいたかい?」「ううん……初めて……」

何がなんだかわからないまま、私は彼の首にしがみついて宙に浮き、下からはペニスで激しく突き上げられて……。

「ああ……もう……ダメ……」

一瞬、私、ホントに失神しちゃったくらいなんです。彼は私がイッちゃった後も、仰向けになってだらしなく脚を広げて横たわる私の中に入ってきて、自分がイクまで腰を突き上げてきて、最後は私の中に出して果てていきました……。

翌朝、彼は真っ赤なフェラーリで私を家まで送ってくれると、……そのまま1千万を持って姿を消してしまいました。携帯もつながらなくなり、勤めていた病院に問い合わせたら、「半年前に辞めてます……」という驚きの返事が……。

いろいろ詳しく聞いてみると、彼、ギャンブルと風俗に狂ってて、そのために給料も何もかも全部注ぎ込んで、病院も辞めるハメになってしまい、その後のことは一緒に働いていたドクターたちも何も知らない……って。

「前から、結婚詐欺みたいなことしてる……って、よくないウワサあったんですよ。もしかして、あなたも……？」

「いえ、私は……そうじゃないんですけど……」

自分のバカさ加減に腹が立ちました。こんなヤツを、運命の人だと思い込んでいたなんて……。1千万は高い授業料だと思って、あきらめるとしても……でも、あのステキなテクニックで女の喜びを知ってしまった私の身体はどうすればいいんでしょう。もっと上手な、私を満足させてくれる男に、どうやったら巡り会えるのでしょう？

今は、そっちのショックの方が、大きいような気がしてます。

●コリッと盛り上がった乳首は、まるで誰かに噛まれるのを待っているかのような……

結局、罠にハマったのは俺……。ハニートラップの女

【投稿者】外山登志夫(仮名)/39歳(投稿当時)/土木作業員

私は普段、土木作業員として働いています。ある気分のいい秋の夕暮れ、一日の仕事が終わり、コンビニエンスストアで買ったカップ酒を飲みながら、公園の片隅でくつろいでいた時のこと……。

かっちりとしたスーツに身を固めた、年の頃なら30前後でしょうか、取り澄ました感じのOLが私の目の前をスッと横切りました。外国の物なのでしょうか、きつい香水の香りが私の鼻を刺激します。大きなビジネスバッグからは、英字新聞がのぞいています。最近はやりの「外資系OL」といったところでしょう。身につけているゴールドのアクセサリーが、おそらくとても値の張るものだろうということは、私にも分かります。

(今夜はどこかの金持ちボンボンとデートかな……)

そんなことを考えながら、スラリとした腰の線をぼんやりと眺めていたら、カチャ

……と足元で音がしました。

なんとその外資系ＯＬが、私のカップ酒を蹴飛ばし、そのまま行きすぎようとしているではありませんか。悪意があったわけではないのでしょうが、詫びもなくそのまま通りすぎるというのは勝手すぎます。私は、思わずその背中に向かって怒鳴りつけました。

「ちょっと待てよ、姉ちゃん」

ＯＬはくるりと振り返りました。

「私のことですか？」

女優の松阪●子のような、しっとりとした声です。顔もどこかしら松阪●子に似た、日本風の美人です。

「そうだよ、あんた。今、俺の酒を蹴飛ばしただろう。謝るのが礼儀ってもんだろう」

「いくらほしいの？」

この一言に私は思わずキレてしまいました。別にゆすりたかりを働こうというつもりは毛頭ありません。もちろんこんな公園の片隅で、誰かがささやかに酒盛りをしているだろうなんて、普通の人には想像もつかないのは当たり前です。公共の場所なのですから、こういう事故だって起きるでしょう。私にしたって、一本や二本のカップ酒の酒代に苦労しているわけではありません。

私はただ、一言「ごめんなさい」と言って欲しかった、それだけでした。

でも彼女は、私を頭ごなしにゆすりたかりの類と決めつけ、明らかに自分より一段、あるいは二段も三段も下の人間として扱おうとしているのです。

彼女は、そう言いながら、すぐにバッグから財布を取り出し、今にも金を取り出しそうな勢い。

「馬鹿野郎、ふざけんじゃねえ！」

私は彼女の服をつかみ、こちらに引っ張りました。ブラウスの中の、豊かな胸の谷間が垣間見えます。私が付き合うような女性たちは、絶対身につけていないような、高級なブラジャーがチラリと見えました。

（犯りたい……）

その瞬間、私は欲情にかられ、すべての理性を失っていたことを、ここで告白しておかなければなりません。私が労働者だからといって最初からバカにして、ゆすりたかりの類として扱うような高慢ちきな女を、ここで押し倒して、メチャクチャにしてしまいたい……そんな欲望に、チラリと見えた胸の谷間と、高級そうなブラジャーが火をつけてしまったのです。

　私は、彼女の口を手でふさぎ、声を出せないようにしてから、バタバタと抵抗するのも構わず、鬱蒼とした茂みの奥へと連れ込みました。ここは、普段からほとんど人通りのない場所なので、何をしても道行く人からは気づかれないのです。何故私がそんなことを知っているかといえば、それはこの公園の造成工事の時も、現場でずっと、作業していたからなのですが……。

　私は、首に巻いたタオルを外すと、それで彼女の口に無理矢理、猿ぐつわをしたのです。労働者の汗の匂いが目に染みるのか、彼女は嫌悪するような顔でそれを避けようとしましたが、ふだんから現場作業で鍛えている私の腕力に、かなうはずもありません。

　彼女のカバンから英字新聞を取り出して広げ、地面に置くと、私はその上に彼女を仰向けに寝かせ、その腰の上あたりに座りました。彼女は私に押さえつけられ、ジタバタしていますが、どうすることもできません。私は、自分を馬鹿にした女を、こうして力で組み伏せたことにとても満足を感じていました。これからゆっくりと、楽しませてもらおうではありませんか……。

私は、左手で女の両手をまとめて握り、抵抗できないように押さえつけると、ブラウスのボタンを一つずつ外していきました。透き通るような白い肌が目に眩しい。そして、さっきチラリと見えたブラジャーが姿を現しました。基本的には黒なのですが、高級そうな碧い絹糸で刺繍が施されていて、ちょっとした工芸品という感じ。なんとも控えめなセクシーさに溢れていて、おぼっちゃまはこれで刺激されるのかもしれませんが、私のような労働者は、もっと安手の、ベージュやピンクの下着の方が興奮させられます。

とはいうものの、その高級な布に覆われた中身の乳房は十二分に魅力的です。もちろん、高級なブラジャーのせいで形が保たれているにせよ、何よりそのボリュームがたっぷりで、すぐにでも思いきり揉みしだきたくなるような欲望にかられてしまうのです。

私は、まずブラジャーの上からその柔らかな膨らみに触れました。じっくり味わおうと思っていても、一度触れてしまうと、もう後戻りすることはできません。私はその極楽のような感触に溺れ、ぐいぐいと強く握り締めずにはいられませんでした。

（痛い……）

猿ぐつわの下で、女はそんな表情を浮かべています。私は、自分ではサディストではないと思っていましたが、自分の下で女性が恐怖に震えているのを見ると、もっといじめてやりたい、もっとメチャクチャにしてやりたい……そんな感情が湧き上がってきたことにびっくりしました。

手のひらの中の、布の下の乳房の真ん中あたりの突起が、少しずつ硬くなってきています。こんなお高くとまっている女でも、胸を揉まれると乳首が硬くなるのは、安手な売春婦と変わりないようです。私は、布越しに触れているのがだんだん物足りなくなってきて、乱暴にブラジャーをむしり取りました。

「ほう……たまらねえな……」

私は思わず溜め息をつきました。ツンと上を向いた乳房の形は、実に一級品です。ピンクと茶色のちょうど中間ぐらいの乳輪は、大きすぎず小さすぎず、絶妙のバランス。うずたかく、コリッと盛り上がった乳首は、まるで誰かに噛まれるのを待っているかのよう。私は口を近づけ、それを口に含んで軽く吸った後、コリ……と噛んでみました。

女は苦痛を顔に浮かべます。私が、少しずつ歯に加える力を強くしていくと、さらにその顔の歪みが激しくなっていきます。

私は乳首から離れ、もう一度その見事な眺めを味わいました。私が口をつけていた部分は唾液でねっとりと光り、よく見ると乳首にはかすかな歯形がついています。乳房の見事な形は、私の股間を次第に硬く、大きくする役割を果たしていました。

(すぐに犯りたい……)

私は女のスカートの中に手を押し入れました。下着を取り去って、濡れていないマ○コに無理矢理ハメてやろうと思ったのです。ところが、驚いたことに……。

そこは既に濡れていたのです。じっとりと、実にいやらしく……。

「このスケベ女め……。俺にいたぶられて、こんなにぐっしょり濡れてやがる。慎みも何もありゃしねえんだな、このクサレ女。外人と付き合っててケダモノに成り下がったか」

私は高まってくる欲望を押さえることができず、女のパンティストッキングと、そしてパンティを脱がせました。その途端、いやらしい雌犬のような匂いがあたり一面に漂ったのです。これ以上淫らなものは世の中にない、そう思わせるほどの淫靡な香りが……。

本人は決して同意しないかもしれませんが、間違いなくこの女は淫乱です。上流階級の女にも、セックスが好きで好きでたまらないというタイプがいるらしい、と噂に聴いたことはありましたが、実際にこうしてその実例を目にすると、なんともいえない感情が湧き上がってきます。

私は本能に突き動かされるまま、ズボンのファスナーを外し、中からもう大きくなっているモノを苦労して取り出すと、女のその部分にあてがいました。

女は、その瞬間を少しでも先延ばしにしようと、体をねじり、逃げようとします。ところが、いくら頭でそう思ったとしても、体の反応はまるで別です。私が少しでも触れるとそのたびに、中からいやらしい液体が染み出してくるのですから……。

私は、猫が鼠をいたぶるように、しばらくその追いかけっこを楽しみましたが、だんだん飽きてきたので、女の体をがしっと押さえ、動かないように固定すると、ヒクヒクと痙攣している花びらを切り裂くように、その扉を開き、そして奥まで一気に押し込みました。じゅぶぶぶ……と微かな音がして、私の分身は女の花園の奥へと吸い込まれていきます。小さな襞がまとわりつくように私に刺激を与え、そして入口のあたりがクイッと締まり、私が簡単には逃げられないように、扉をきつく閉じようとします。

「ふう……たまんねえな……」

（いや、やめて……）

音を出すことを禁じられた喉の奥から、それでも微かな吐息のような声が洩れて、私をさらに興奮させます。

私は、ぴちゃぴちゃ……という淫らな音を聴きながら、ただひたすら快感の赴くまま、腰を思いきり振り続けました。女は、最初のうちこそ抵抗するかのように、体を固くしたままでしたが、途中からは自分も感じ始めたのか、私のリズムに合わせて腰を動かすようになってきました。

そうなってくると、息が苦しいのか、私に猿ぐつわを外すよう、目で訴えかけてくるのです。私は、いったん腰を止めると、彼女の目を見て話しかけました。その間にも、彼女のその部分は、私をギューッと締め付けることをやめないのです。

「大声を出さないか？　約束できるか？」

うんうん……と、女は首を上下に動かします。ここで大声を出されでもしたら、私はかなり厄介なことになるのが確実です。しかし、女がもう快感に酔い始めているのはわかりきったことでした。ここで猿ぐつわを外しても助けを呼んだりすることはないでしょう。むしろ、ヨガリ声を上げて、ノゾキを引き寄せる方が怖いくらいです。

私は意を決して、猿ぐつわを取り払いました。彼女はやはり、大声を上げるようなことはなく、ただひたすら甘い吐息を漏らすばかりです。

再び腰を動かし始めると、彼女もリズムを合わせてその動きに応えます。ぴちゃ、ぴちゃ……という擦れ合う音が、どんどん大きくなっていきます。そのうち彼女は、自分から脚をさらに大きく開いて、そして手も私の腰のあたりをつかんで「あン……」と恍惚の表情すら浮かべ始めたではありませんか。

胸の谷間に光る汗の様な玉を見たとき、私はもう絶頂が近づいていることがわかりました。

「う……」

私は極上の柔らかなバストを握り締めると、腰をぐい……と突き出し、そして彼女の膣の中に、溜まった精液を最後の一滴までほとばしらせたのです。

すると彼女も同時に絶頂を迎えたようで、半分白目を剥いて、放心したように深く呼吸を繰り返しています。それでも膣の締まりはなかなか緩んできません。精液が逆流してきて、私のペニスを伝い、そして英字新聞に白濁したシミを作っていきました。

薄っぺらいアパートのドアを開けると、ついてきた女も中にスルリ……と滑り込みました。六畳一間、家具も何もない、万年床のアパートに、高級スーツを着た外資系OLはまったく不釣り合いとしか言いようがないのですが、彼女はこういう異常なシチュエーションであればあるほど、快感を感じるタイプのようなのです。

それどころか……。

私が玄関のドアにガチャリ、と鍵をかけると、女はそれを待ち構えていたかのようにその間にひざまずき、私のズボンのファスナーを外すと、中からダラリとしたペニスを取り出して、唇で挟み、そしてペロリ……ペロリ……と舐め出したのです。ずいぶんいろいろな女と、私も付き合ってきましたが、玄関に入るなり、しゃぶり始めるほどの淫乱な女はこれまでいませんでした。上流階級の女ほど、どこかモラルが崩れているのかもしれません。

そして……この女は、憎らしいことに、この行為の達人でした。いったいこれまでに、何本のサオをその可愛らしい舌で舐め、唇で締め付けてきたのでしょう？

　ついさっき、彼女の中で弾け、最後の一滴まで搾り取られた私なのに、その極上の舌さばきに思わず興奮させられ、すぐに私のそこは硬度を取り戻しました。

「ふふふ……元気なのね」

「あんたも好きだなあ……」

「女はね、強引な男に弱いのよ」

　私が上を向き、さっきと同じぐらいのサイズに戻ったことを見て取ると、女はいったん立ち上がり、万年床の上で服を脱ぎ始めました。私は唖然としてその大胆な様子を眺めていると……。

「何してるの……早くいらっしゃいよ……」

　女の鼻にかかった甘い声が私を誘います。その見事な肉体の魅力に、私は抗うことができず、呼ばれるままに、わたしは極上の香りがする肉体へと引き寄せられていきました。女はじらすように、私の服のボタンを外し、ズボンもすべて脱がせると、全裸にして、そこら中を触りまくったのです。

「凄い……逞しい……こんなムキムキな体、見たことないわ……」

「鍛え方が違うからな」

「体を使って働いてるとこんなになるのね、素敵……。スポーツ選手ともずいぶん付き合ったけど、あなたの体はゼンゼン違うわ」

女は私の胸の筋肉を物珍しそうにさすっていましたが、そのうち私の乳首に顔を近づけて、舐めたり、吸ったりし始めました。こそばゆいような快感が、しだいに本格的な快感へと変わっていき、私は思わず女の頭を抱き寄せました。

「ふふ……気持ちいいでしょう?」

女は私を布団に仰向けに倒すと、自分の陰部を私の顔の前に突き出すようにして私の体にまたがり、上からぴちゃぴちゃ……と、私のペニスをしゃぶり始めました。私は、目の前で揺れる女の性器に、これまたひきずりこまれるように顔を埋めて、その程よく熟れた味をじっくり味わいます。舐めれば舐めるほどそこは、熱くなり、淫らな匂いがどんどん強くなっていくのです。

「ああ……」

女の甘い溜め息が部屋に満ち溢れます。この壁の薄いアパートですから、もし隣人がいればすべては筒抜けになってしまうでしょう。でも、もうここまで来てしまったら、そんなことはどうでもいい。ただひたすら、本能の命じるまま、快感をどこまでも追い求めていくだけです。

私達は上になり、下になり、そして横になってお互いの性器を舐め、噛み、しゃぶり、吸い……その行為をいつまでも、いつまでも繰り返して、そして飽きることがありませんでした。

女がふと、こんなセリフを吐くまでは……。

「人間って不思議よね……。英語ができなくても、算数ができなくても……エッチだけは普通にできるんだもん……」

私はその一言で、女が高慢ちきな、鼻持ちならない奴だったことを思い出しました。いえ、もしかしたら、それも彼女の計算ずくのセリフだったのかもしれませんが、ともかくその一言で私は、再び「この女を犯してやらなければ……」という使命に目覚め、恋人同士のような甘い愛撫を終えると、彼女を乱暴に組み敷いたのです。

「悪かったなあ……俺は英語もできないし、算数もできないよ、どうせ」

私は彼女の肛門に指を突っ込み、そこらをグリグリと刺激してやりました。

「やめて……痛い」

本当に痛そうな声を彼女が上げたことに私は興奮し、次にそこにペニスを押し込もうとしたのです。

「いや！　ダメ……裂けちゃうぅ……」

ぐい、ぐい……と押し込んでいくと、亀頭の先端ぐらいまではなんとか入るのですが、それ以上はなかなかうまくいきません。このクソアマ、アナルをメチャメチャにしてやる……そんな思いで私は必死にペニスを押し出すのですが、女も逃げるのでなかなかうまくいきません。しかもそのあたりは、膣から溢れ出す愛液と、汗が混じり合ってもうベタベタのグチョグチョ……。

そのうち、ツルリ……と滑ると、ペニスは膣の中に吸い込まれるようにハマってしまったのです。

こうなると、もう、前だろうが、後ろだろうが、関係ありません。私はとにかくひたすら腰を激しく振り続けるだけです。このクサレ女の膣を突き破ってやる……そんな思いで、私は彼女の肩を押さえつけると、グイグイ、焼き鳥に串をねじ込むように、私は女の体を貫き通そうと体を前に進めていきました。

「痛い……ねえ……助けて……」

女は涙を流しながら顔を横に振り、私の動きから逃れようとしますが、どうすることもできません。私は肩をがっしり押さえ、上からは腕の力、そして下からは押し上げる腰の力で、女を万力で締め上げるようにしながら膣をかき回し続けました。

これほど激しく腰を振ると、すぐにでもイッてしまいそうですが、さっき射精したばかりということもあって、私は永遠に動き続けられそうな感じがしていました。

ところが……。

そのうち女は、ハアハア……と苦しそうな息を漏らしながらも、満足げな表情を浮かべて時折体を痙攣させ始めたのです。言葉や態度には出していませんが、達していることは明らかでした。女というものは、どんなにプレイがエスカレートしても、それに合わせて自分の快感のレベルを高めていくことができるのかもしれません。

そして、そんな体の痙攣はまた私のペニスをも締め付け、甘い快感を私に感じさせずにはおかないのです。

私は、試しに結合したまま仰向けになり、彼女に騎乗位のスタイルを取らせました。するとどうでしょう、このセックス中毒のような女は、私が今まで抱いたどんな女よりも激しく、私の上で腰を前後左右に動かし始めたのです。

「あ……素敵、あなたの体……最高よ……」

嫌な女だと思っても、ほめられると嬉しくなるのが男のバカな所です。気がつくと私は彼女にしっかりと主導権を握られ、イキそうになるとペースを落とされ、落ち着くとまたペースを上げられ……の繰り返し。

そして、いよいよ最後のクライマックスを迎えると……。

「あ……もうダメ、凄い、イク、イク、イッちゃう……」

私は彼女のリズムに乗せられて腰を突き上げると、その瞬間ギュッ……と膣を締め付けられて、再び精液を搾り取られるように射精してしまったのです。

「う……」

「いいわ……ぁ」

女はのけぞり、仰向けの私の体から滑り落ちると、名残りを惜しむように私のペニスをぴちゃ、ぴちゃ……と舐め始めました。精魂尽き果てた私は、舌の感触を楽しみながら、深い眠りの底へと落ちていったのです。

翌朝、気がつくと女の姿は消えていましたが、部屋には男女の交わりの後の独特な何ともいえない匂いが立ちこめていました。窓を開けると、外は雨でした。

第三章
日常の中で残された、荒ぶる性体験の記憶

●親戚のお兄さんとお姉さんが「べっちょ」するのを、息を殺して覗いた思い出

セックスに興味津々の女の子は、集団就職で上京した

【投稿者】小池いづみ(仮名)／68歳(投稿当時)／無職

今の若い人たちは、セックスに関して見境がない、とか、昔に比べてとんでもない経験をしている、とか、よく話に聞きます。

でも、私に言わせれば、そんなこともないと思うのです。

それは、私自身の経験があるから、言えることなのですが……。

確かに、栄養状態が昔とは全然違いますから、今の若い人のほうが、胸は大きいし、腰もくびれて、脚は長くて……だから昔よりエッチに見えるのは、仕方のないことかもしれません。

でもね、私に言わせれば……うふふ。

男と女のやることですから、そんなに差はありゃしないと思うのです。

それに、私の若い頃は、あの高度成長期って言うんですか。毎年、毎年、日本がどんどん豊かになってく、そんな実感があった時代だったから、何をするのも楽しかった。

今日より明日の方が、絶対よくなるという、そんな確信がありました。日本も若くて、私も若くて。本当に楽しかったんです。

私が東京に出てきたのは、15歳。いわゆる「集団就職」でした。もちろん、まだ処女でした。でも、セックスには凄く興味がありました。

私の田舎では、女性のアソコや、セックスのことを「べっちょ」と言うのです。農村は、意外に、セックスに関しておおらかな所があって、男と女がどんなことをするのか、そんな知識はみんな持っていました。納屋に入り込んで、親戚のお兄さんとお姉さんが「べっちょ」するのを、同級生の男の子と息を殺して覗いたのも忘れられない思い出です。

その時……私、まだ中学1年生だったかな？　あ、男と女って、こういうことするんだって、わかった。まだ生理もなかったたし、胸もそんなに膨れてなかったけど、不思議なことにアソコはなんだかジンジンと熱くなったのを覚えてます。

その時ね……本当は私、処女を失ってたかも知れない。一緒に覗いてた男の子と二人して興奮しちゃって。

「オラたちも、するべ」

覗いてたお兄さんが「うっ！」と叫んで、お姉さんの上に重なって倒れた瞬間、その場を逃げ出した私たちは、近くの神社の祠の中に入り込んだんです。

そして、お互いに、下半身だけ裸になって。そしたらもう、男の子の方は、ホントに大きく、硬くなってて、あー、おちんちんって、こんなになるんだって。

「すげーなー、こげさなるんだ」

やっぱり、回りの子たちよりは、好奇心が旺盛だったのかも知れません。思わず、それに触れると、男の子はびっくりしたように、

「やめれ、触るでねえ！」

なぜか逃げるんです。でも私、その時はまだよくわかってないから、それを握っちゃったんですね、そしたら、もう、本当に一瞬の出来事でした。


どぴゅ！

それが、私が、精液というものを見た、一番最初の経験です。ずいぶん遠くまで、勢

いよく飛ぶもんだな、こんなに勢いがあるものなら、子供が出来るのも不思議じゃないな……って、思いました。

その時は、なんだか気まずくなってしまって、もう、それっきり。たぶん、私の体の方も、まだセックスをする準備が整っていなかったんだと思います。その男の子が、特に好きだったわけでもなかったし……。

でも、それから3年経って、上京してきた時は、もう胸もけっこう大きくなっていたし、生理も定期的に来るようになっていたし。うちのばあちゃんは14で嫁に来て、15で最初の子供を産んだって話してたから、まあ、そんなものなんでしょう。

最初に住んだのは女子寮でした。今は、少女雑誌にセックス情報が多すぎるとかで問題になることがありますが、あの頃もけっこう凄かったんですよ。寮の先輩たちが回し読みしてた婦人雑誌に出てた体験談とか、今のストレートなティーン雑誌なんかに比べると、よっぽどエッチだったんじゃないでしょうか。もちろん、みんな、今で言う「オナニー」もしてました。女子寮ですから、そういう情報はみんな詳しくて。

そして、上京して2ヶ月ほどで、私は初体験をすることになりました。

ある日曜の午後のこと……。

友達や先輩たちは、みんな外出していたのですが、私はたまっていた洗濯物を片付けたり、家に手紙を書いたりするため、一人で寮に残っていたんです。

ところが、先輩に借りた婦人雑誌を読んでいるうちに、だんだん興奮してきちゃって。勤めている工場の社長に、無理やり犯されて妊娠しちゃった女工さんの話で、なぜか詳細に書いてあるその強姦の様子が真に迫っていて、私、なんとなく、部屋に仰向けになって、自分でアソコを触り始めたんです。

そしたら、いきなり、ドアが開いたのでびっくりしました。

なんと、そこに立っていたのは、私の会社の社長でした。

「なんだ、休みなのにどこにも行かないのか……何してんだ、お前？」

私はあわてて起き上がり、乱れたスカートを直して、畳の上に正座しようとしましたが、何をしていたかは一目瞭然でした。

「し……社長さん、あの……」

ごくり、と社長が生唾を飲んだ音が聞こえたように思いました。

「お前、好きなのか？」

「え？　あの……」

「そうだろうな、好きなんだと思ってたよ。最初に来た時から。お前みたいな、乳の大きくて、下唇の厚い娘は、みんな好きなんだ」

今にして思えば、社長が言うことは、メチャクチャでした。そんな、胸が豊かな、下唇の厚い女が、みんながみんなセックスが好きだなんて……そんなことはありえない、と思います。

でも、その時は、自分の淫らでいやらしい本質を、社長に見透かされてしまったような気がして、私はその場から動けなくなってしまったのです。

社長は、ずかずかと私の部屋に入り込んで来たかと思うと、乱暴に私を畳の上に転がして、スカートの中に手を入れてきたのです。

「どれ……」

不思議なことに、乱暴ではあっても、苦痛を感じさせられることはありませんでした。それだけ女性の扱いに慣れていたということなのでしょう。いいことか、悪いことかは別にして、その頃の男達は、みな「赤線」とか「遊郭」といった場所で、女性の扱いを学んで、基本的なベッドでのマナーやエチケットなどを知っていたものです。

社長は、しばらく私のそのあたりを撫で回し、中にそろりと指を這わせたりしていました。さすがの私も、当時はビクビクしているばかりで……。

「お前、処女か？」

私はコクリと頷きました。

「そうか……処女とやるのは、久しぶりだ」

社長はそう言うと、私のスカートの中に顔を突っ込んで来て、ベチャベチャと勢いよく舐め出したのです。

私は、最初はなんだかむず痒い感じがしていたのですが、途中から、だんだん気持ちよくなってきて……。

社長にも、そのことがわかったらしく、

「お前、本当に処女か……最初から普通は、こんなに濡れたりせんぞ」

と、驚いています。

「じゃ、行くぞ」

社長は、ベルトをカチャリと外し、ズボンとパンツを脱ぎ捨てると、大きく、硬くなったチ○ポを自分の手に握り、私の下半身にグイ……と押しつけてきました。

3年前に見た、同級生のモノは、やはり若々しい感じがしたものですが、当時50に近かった社長のそれは、見るからにどす黒く、淫らな感じがしたものです。

少しは怖さもあったけど、それよりはこれから起こる経験への期待感のほうが大きかった。

グイ、と脚を拡げられたかと思うと、次の瞬間にはもう社長が中に入ってきました。

「あ……」

奇妙な感じがしました。これは一体、何なのだろう……それから、痛み。歯医者さんで、虫歯に触られた時のような、何か、神経に直接触れられるような、そんな、痛み。でも……確かに痛かったけれど、その瞬間、私の中に眠っていた「女」が確かに目覚めたように思うんです。男に貫かれる時の、何とも言えない快感を、その日、その時に初めて味わって以来、私、片時も忘れたことがありません。

「おう……さすがに締まるな」

社長は、最初は動きにくそうにしていましたが、だんだん激しく動くようになって。私は、なんだか焼け火箸を突っ込まれたのではないかと思うほど、そこがジンジンと熱く燃え出して、そこから生まれてから一度も感じたことのない「気持ちいい」としか言い様のない感覚が湧き上がってきたのです。

「あ……あ……」

私は社長の顔をまともに見ることができませんでした。だって、見てしまったら……私が初めてなのに感じてることを気づかれてしまうと思ったから。でも、もう、すっかり気づかれていたんです。私が、とてつもない、淫乱の気があるってことを……。

「ふふふ……いいぞ……」

クイクイと社長が腰を動かすたびに、私の中で生まれたその快感はどんどん大きくなっていきます。私の頭には、3年前に納屋で見たお姉さんの恍惚の表情が甦ってきました。

ふだんはおとなしい、おしとやかな人なのに、「べっちょ」の最中の表情は、まるで人が変わったように目を見開いていたお姉さん。いったい何が起きていたのか、幼かった私にはわかりませんでした。

でも、今……その秘密は、私の前に開かれました。そして私には、今の私が浮かべているであろう、恍惚の表情が想像できました。

「いい……いい……」

いいって、何が？　私は、自分の口から、意識せずに出る「よがり声」に驚きました。

「処女のくせに……どうしようもない奴だ」

社長は、ふっ……と溜め息をつくと、さらに腰を激しく振ります。そのリズムに合わせて私も動くやり方を覚え、さらに未知の感覚がやって来て……。

「ほら、いくぞ！」

「あ……」

社長が大きく腰を動かすと、ふっと目の前が真っ白になって……一瞬気が遠くなりました。初体験から私、……イッちゃったんです。


「これで何か、旨いものでも食え」

社長は私に、1ヶ月分の給料の半分くらいのお小遣いをくれました。

そして、それからも、月に何度か社長は私のところに通ってきて……。いろいろなテクニックや体位をみっちりと仕込んでくれました。そのどれもが驚くことばかりでしたが、私はとてもいい生徒で、一度教えられたことはすぐに覚えて。1年もしないうちに、私は社長を手のひらの上でコントロールするように、自分自身の快感を追い求めることができるようになったのです。

体を重ねるたびに、けっこうな額の小遣いをくれる社長は、私にとって本当にありがたい存在でした。私の方も、休みの日に映画を見に行ったりするよりは、部屋で男と体を重ねる方が楽しかったので、不満はなかったのです。

ところが、あまりに社長が寮に入り浸るのを、奥さんが不審に思ったらしく……私達の関係が、バレてしまったのです。

私は会社にいられなくなり、寮を追い出されました。それでも、社長が退職金代わりにけっこうな額のお金をくれましたし、次の就職先も奥さんに内緒で世話をしてくれたので、行き先に困ることはありませんでした。最後に別れるとき、本当に社長が名残惜しそうにしていたのを、今でも鮮明に覚えています。私はその時、まだ17歳でした。

次の職場は、東京の郊外にある、駅前の食堂でした。けっこう大きなお店でしたが、寮はなく、アパート暮らしだったので、もう男ともやり放題……とは思ったものの、なかなか社長のような気前のいい男はいません。それに、一度でも寝ると、まるで「お前は俺の女だ」と思い込むバカな男も多くて……。

なんでみんな、セックスだけを純粋に楽しむことができないんだろうって、私はしみじみと思ったものでした。

そんな頃、出会ったのが、昇司。

彼は、私と同い年の、クリーニング屋の店員でした。

毎日のように食堂にやってきては、私の方をチラチラ見てる。あ、これは気があるんだなって、すぐにわかりました。でも、彼、けっこう気弱だったので、なかなか声をかけてこなくて、ジリジリしちゃって。

「今度の休みの日、映画でも……」

最初に誘われたとき「遅いよ～」って、思わず言ってしまった程です。でも、私も、彼のこと、知らず知らずのうちに、好きになっていたんですね。

社長は、体と体の触れ合い、純粋にセックスを楽しむ相手としては最高でした。でも、昇司は、テクニックがどうこうと言うよりは、恋愛感情を持ったセックスの楽しさ、快感を最初に覚えた相手だったのです。

映画……行ったんですよね、確か、何を見たのか全然覚えてない。でも、帰りに「何か食べに行こう」という彼を、「そんなことより家においでよ」って、誘って、……その日のうちにしちゃったことは、よく覚えてます。

昇司は、童貞でした。

「ねえ、したいんでしょ、私と」

部屋に入って、彼の目を見たとき、彼はドギマギしていました。

私は彼の手をとって、私の胸にギューッって押しつけてあげました。

「柔らかいんだね……」

「そうだよ。でも、あんたのココは、もう硬くなっているでしょう」

私は、昇司の一張羅のスラックスの上から、股間に手を伸ばしました。もうその部分は、痛いくらいに硬く、大きくなっていて……。あんまり可哀想になったので、私、スラックスを脱がせてあげて、パンツも脱がせて……。

「あ、あの……いづみちゃん……」

「初めてなんでしょ？　教えて上げる」

私達は二人で裸になって、抱き合って、キスしました。今までの男の人とは、まったく違う感覚。私の方も「教えて上げる」なんて言っておいて、ドキドキしてるんだから、どうしようもありませんよね。

私は、社長に仕込まれたありったけのテクニックを使って、昇司を愛しました。そうそう、あの、納屋で一緒だった男の子みたいに、ちょっとキスしただけで射精しちゃったのには驚かされたけど。でも、初めての男の子なんて、そんなもんですよね。

「ねえ、私のアソコ、見てみたい？」

昇司はコクリ、と頷きました。

私は、布団の上に座って、少しずつ脚を開いていきました。昇司の視線がその部分に突き刺さるみたいに感じられて……。

「どう？」

「どうって……綺麗だよ」

綺麗って……。そんな言葉が出てくるなんて思ってもみなかったから、私、本当に驚いてしまったんです。そして、この人を受け入れたい、この人に抱かれたいって、心の底から思いました。セックスする時に、そんなことを思ったのは、初めてだったんです。

「ねえ、抱いて。あんたが欲しい」

昇司は、真剣な目で私を見つめると、もうすっかり大きくなったモノを、ググ……と押しつけてきました。

「ここ？」

「ううん、もう少し下よ」

「ここでいいの？」

「そう……そのまま前に来て……あ……」

「痛い？」

「ううん。違うの、とってもいいよ」

「どうすればいいの」

「どうしたい？」

「動きたい……」

「それでいいの、思いきり動いて……」

昇司は、均整の取れた美しい身体で私に重なると、本能の赴くままにグイグイと動き始めました。

「あ、あ……」

　私は、好きな男に初めて抱かれる悦びで、もうイキっぱなしみたいになっちゃって。昇司は真面目な顔で、ぐ、ぐ、ぐ……と、ひたすら腰を動かして、やっぱり初めての経験する気持ちよさに目を回してました。

「ねえ……もうイキそうだ」

「いいわよ……ああ……」

　逞しい昇司の腕にきつく抱き締められて、私は夢見心地。「あ……」と彼は軽く叫んで、私の中に射精……。

　そのまま行ってたら、たぶん私達、結婚してたはずです。でも、1ヶ月後、バイクの事故で、昇司はあっけなく逝ってしまいました。そして、私の男遍歴がまた始まるのですが、それはまたの機会に……。

●その時、その瞬間、僕たちは光り輝いていたと思う……多分

極限の不安と緊張の中、バリケード内で三連発！

【投稿者】山本修造（仮名）／63歳（投稿当時）／無職

私が青春を過ごしたのは、学生運動華やかなりし頃……。

当時、私が通っていた大学は、田舎の学校で、さほど名門校というわけではなかったのですが、やはりそれなりに学生運動もあり、授業をボイコットしたり、バリケードを作ったりして、本気で世の中を変えようと思っていたものです。

そうはいっても、やはり若い男女ですから、その中には愛もあれば恋も、そしてセックスも当然のことながら生まれてきます。逆に、そうしたバリケードの中といった特殊状況だったからこそ、そうした恋愛やセックスも、嫌が上にも盛り上がりを見せていた、そんな気もするのです。そうした極限状況の中での快感を味わうことのない、最近の若い人たちが、なんだか可哀想だな……と思うことがなくもないのですが。

私が通っていたのは文学部でしたから、回りにはけっこう女の子も多かったんですね。ぽっちゃりタイプの美紀子や、目のぱっちりとしたお嬢様タイプの清子、そして

私が大好きだったボーイッシュな澄江。仲間うちで、私が「やりたいな……」と漠然と思っていたこの3人と、なんと一晩のうちにやってしまったという、夢のような思い出を、今日はお話したいと思います。

その日は、私達の大学もストに突入し、大学側の職員や警備員たちが、校舎の回りを取り囲み始めたのです。私達はみんな、政治的な知識を（今にして思えば、どれもこれも中途半端なものではありましたが……）それなりに持っていましたから、聞きかじりの専門用語などを挟みながら、高揚した気持ちで、議論を繰り返していました。

そして、職員たちが中に入って来れないように、入口にはバリケードを築いて、交渉の際の要求をまとめようとしていました。ところが、学校側は、私達との交渉に応じることはない、明日の朝までに退去しなければ実力行使に出る、と、メガホンで呼びかけてきたのです。

私達の間には動揺が走りましたが、せっかくここまでやって来たのだから、逃げ出すようなことはしたくない。最後まで籠城して、交渉を粘り強く求めよう……と議論がまとまりました。バリケードの中で夜を明かすことになったのです。

戦国時代、圧倒的な物量で迫ってくる敵を前にした城の中というのも、おそらくこんな状態だったのではないでしょうか。

　私が興奮した気持ちを抑えるため、屋上に出て煙草を吸っていると、後からぽっちゃりとした体型が印象的な美紀子がやって来ました。白いカーデガンの下に、豊かな胸が盛り上がっていて、たまらない雰囲気です。

「山本君……こんなところにいたの」

「風に当たりたくてね」

「私にも煙草くれる？」

「美紀子、吸うんだ？」

「なんかね、落ち着かないの」

　美紀子は、私と並んで、外を眺めながら、マッチを擦ろうとしますが、うまく火をつけられません。手が震えているのです。

「怖い？」

「うん……やっぱり、少しね」

　私は、ごく自然に彼女を後ろから抱き締めました。

　美紀子は、ほんの少しだけ、ピクリ……と震えたようでしたが、私の抱擁を受け入れました。私は（これはイケるかもしれない……）と、革命戦士にはあるまじきヨコシマな考えを抱き、後ろから彼女のうなじにキス、そしてそのまま豊かな乳房をぎゅっと握り締めたのです。

「あ……」

カーデガンを盛り上げている乳房は、やはりかなりの大きさでした。その頃は、大きな胸の持ち主は、現代と違って肩身の狭い時代でしたから、誰もがきつめのブラでぎゅっと隠すようにしていたのですが、それでもそんなに大きい胸です。今の感覚だったらFカップ、いや、Gカップぐらいはあったのではないでしょうか。

そのあまりの感触の素晴らしさに、私は夢中になって……。

彼女の方も、明日はどうなるかわからない、もしかしたら逮捕されて警察にいるかもしれない、大けがをして病院に運ばれるかもしれない、そんなことを考えていたのでしょう。今、この瞬間、静かにしていられるごく短い時間のうちに、手近にいる男性に抱かれたいと、本能的に感じていたのではないでしょうか。

「ねえ、目立たない所へ行こう……」

校舎の中のあちこちに学生たちが散らばっていましたし、屋上のこんなところでズコズコと始めてしまっては、外から見張っている大学当局の職員に見つかってしまうかもしれません。

私達は屋上の一画にある、気象観測用のプレハブに入って、本格的に続きを始めることにしました。

そこで改めて、美紀子のブラジャーを外してみると……本当に凄い胸。私は時が経つのも忘れ、その谷間に顔を埋め、可愛らしいピンクの乳首を咬み、十二分に味わったのです。そして、彼女のズボンを脱がせて、秘部に手を這わせると、もう興奮しきっていたためか、ぐっしょりと濡れているではありませんか。場所も狭いし、そんなにゆっくりしている余裕もないので、私は彼女を、そこに置いてあった机に手を突かせて尻を突き出させ、後ろから合体……。

「あ……」

「美紀子……」

「山本君……」

月灯りが窓越しに、ほんの少しだけ入ってくるプレハブの中で、私は真っ白な彼女の背中を見ながら、ひたすら腰を振りました。

「あ……凄いわ……」

「美紀子……」

「いい、いい、いいわ……」

「お前もたまんねえよ……お嬢様に見えて、本当はこんなこと好きだったんだ」

「そうよ、好きよ……ああ、凄いわ、もうイッちゃいそう……」

「俺も……イクぞ」

「いく……ゥ……」

力尽きて、机の上につっぷした彼女。私はもちろん、中出しです。ピンクの美しい割れ目から、精液がポタリポタリと滴り落ちて行ったのを、よく覚えています。

「どこかにちり紙がないか……」

「私のハンカチ使って……」

私は彼女が脱ぎ捨てたズボンのポケットからハンカチを取り出すと、彼女の剥き出しになった性器を拭いました。女子大生っぽい、清楚な、花のプリントが入ったハンカチが、私の精液で汚れていくのを見て、私はまた興奮を覚えていました。

しばらく休んでいくから……という美紀子を残して、私は校舎の中に戻りました。

尿意を覚えてトイレに入ると、個室の中でゴソゴソと音がして、誰かが出てきました。驚いたことに、それは、目のぱっちりしたお嬢様タイプの清子でした。

「お前なんだよ、ここは男性用だぞ」

「わかってるけど……女子トイレが、流れなくなっちゃったのよ」

「ええ？」

「当局の嫌がらせじゃないかって……」

「まさか……単なる故障じゃないか」

「でもそんな風に言う人たちが、いるの」

この大学の当局が、そんな気のきいたことを考えるとは、私には思えませんでした。

「ねえ、お酒飲まない？」

「俺、持ってないよ」

「M先生の研究室にあるわよ。私、よく知ってるの」

私は彼女に導かれるまま、その研究室に入り、来客用のソファに座って、彼女から手渡されたスコッチウイスキーをチビチビと飲み始めました。今でこそ、一本千円そこそこで買える銘柄ですが、当時は高級品で、一本一万円ぐらいしたと思います。学生の身分ではまず飲むことのできない、これまた反革命的な高級酒でした。

「お前、なんでこんなモノのありか知ってるんだよ」

「ちょっとね……単位が足りなかった時に、お願いに来て」

「お願いって……やらせたのか？」

「そういう言い方はよくないなあ。単位の代価として私の肉体を提供しただけよ」

「へえ？　お前、お嬢様のクセに大胆なことするんだなあ」

「世の中、合理的に生きなきゃね」

私がスコッチの瓶を渡すと、彼女もグビグビとラッパ飲み。白い頬がピンクに染まって、とてもキュートです。

さっき美紀子とやったばかりでしたが、私はそんな横顔と、お嬢様らしい香りにクラクラときて、つい頬にキスしてしまいました。

すると、彼女は、にっこり笑って私の両頬をつかんで、向こうから私の唇に情熱的なキスのお返し。

そうか、その気なら……と、私は彼女をきつく抱き締め、彼女の方も私をきつく抱いて……私達はゆったりとしたソファで、愛撫を始めたのです。

まさか先生も、自分の研究室が、教え子たちの性交に使われるとは思ってもみなかったでしょうが……。

清子は、積極的に私の股間に手を伸ばしてきました。さっきあんなに激しく動かしたばかりなのに、また新しい刺激で、そこはもう完全復活しています。

私もお返しに、彼女の股間をグイグイと刺激します。

「あ……ン、優しくしてよ」

ちょっぴり人を見下すような物言いに、私は刺激されてさらに興奮し、さらに乱暴に彼女の陰部を刺激……。

そして、彼女のロングスカートを脱がせて下半身を剥き出しにすると、その真ん中の割れ目のところを、ぴちゃぴちゃと舐めました。さっきの美紀子は、濃いめの陰毛が印象的でしたが、清子は申し訳程度にチョロチョロと生えている程度、これもまたなんだかお嬢様っぽい感じがするのです。

「いいわ、いいわ……」

さんざん舐め尽くした後で、私も舐めて欲しくなったので、

「今度は俺のやってくれよ」

と、またズボンを脱いで、彼女の目の前にペニスを突きつけてやりました。

するとと彼女はあっさり、

「いいわよ」

と、いかにも慣れた手つきでそれを手にすると、ピチャピチャ……と、激しく舐めてくれたのです。お高くとまっているお嬢様タイプの女に、フェラチオをしてもらうのが、こんなにも気持ちのいいことだとは……。

つくづくバリケードは素晴らしい、一晩のうちに二人も女子大生とやれてしまうなんて……と感動。こんな政治の季節が永遠に続けばいいのに……と思い、でもこんな異常事態が今夜限りだとわかってるから、みんなこんな無茶なことになってるんだろうな……と、また思ったりしながら、私は彼女の衣服を全部脱がせると、その美しいラインを楽しみながら、正常位で結合したのです。

「あ……いいわ……ゆっくり動いて……」

「うるせえなあ、俺は勝手に動くぞ」

「ダメよ、ゆっくり、ゆっくり……」

どこまでもうるさいお嬢様。でも、誰とだって、どんな状況だって、セックスをするのは楽しいものです。

「いい、いいわ……ああ……凄い……」

彼女が目を瞑って上り詰めていく様子に、私もまたまた興奮。彼女の下腹部が動いて、チロチロと赤い裂け目から私のペニスが出入りする様子を見た瞬間、私は絶頂に。

「イクよ……」

「ああ……いいわ……」

まだそこで少し飲み続けるという彼女を残して、私は再び身支度を整え、研究室の外に出ました。そろそろ夜も更けてきて、あちこちで学生たちが身体を横たえ、少しでも睡眠を取ろうとしていますが、私は興奮が納まらず、廊下をブラブラと歩いていきました。図書室の明かりがついていたので、中に入り、書棚をぼんやり眺めていると、人の気配がします。

振り返ってみると……そこにはスレンダーボディが魅力的な澄江がいました。

「山本君……どうしたの、少し寝ておいたほうがいいわよ」

「うん、でもなんとなく、興奮しちゃってね、眠れないんだ」

「澄江も……そっちこそ、寝た方がいいんじゃないのか」

「うん……私も、なんとなく、ね」

私達は、書棚が立ち並ぶ部屋の隅に腰を下ろし、よもやま話を始めました。

「明日は大変なことになるぞ。早く帰っちゃえばよかったのに」

「うん……でも、みんながいるのに、そんな、逃げられないよ」

「まあ、そうだよな。でも、彼氏とか、心配してないのか」

「いないよ、彼氏なんか」

「そうなんだ。あのB大のなんとかって奴と付き合ってたんじゃないの」

「別れちゃった。つまんないんだもん、革命がどうのとか、そんな話ばっかりで」

「そうなんだ……なあ、澄江、じゃあ、俺と付き合わないか」

「ええ？　山本君と？」

「今だから言うけどさ……俺、ずっとお前のこと好きだったんだよ」

「そうなの？」

「なんかこんな雰囲気だから言っちゃうけどさ、入学したころから好きだった」

「なんで？　言ってくれればよかったのに」

「どうして？」

「私も好きだったんだよ、山本君」

「だってB大の奴は……」

「高校の時からの関係だからね、ズルズル続いてただけ。もし山本君がもっと早く言ってくれてたら、もっと早く、きっぱり別れてたと思うんだ」

「澄江……」

私は彼女の目をのぞき込み、そして髪の毛を撫でると、唇を重ねました。

私の鼻に、彼女の香りが広がって……。

(この香りだ、澄江の香りだ……)

私は一気に興奮してしまい、彼女の服を脱がせにかかりました。彼女も、何かに取り憑かれでもしたかのように、私の服を脱がせようとして……。

私達は、図書室の冷たい床で、全裸で見つめ合いました。小さな乳房がたまらなくキュートで、もうたまりません。

「澄江……」

「山本君……」

彼女は私の股間に指を伸ばし、今一つ元気のないペニスをぐいぐいとしごきます。

「どうしたの？　私、魅力ないかな？」

「そんなことないよ……」

慌てて否定する私。でも、それまで美紀子、そして清子とやってきちゃったなんてことは、口が裂けても言えません。

それでもなんとかグイ、と勃たせると、私は壁に背中をついて座り、彼女を向かい合ってその上に座らせるようにして結合しました。冷たい床に、彼女を横たえるようなことをしたくはなかったのです。

このお互いに見つめ合い、密着できる体位が、この異常な夜のしめくくりには、何よりもぴったりしているように思えて。

そして、それよりも、何よりも、私達二人は、ずっとお互いに好きだったということがわかり、お互いに愛する人を持てたという悦びで一杯だったのです。

この体位では、私はあまり動けません。澄江がリードして、腰をぐいぐい動かすのですが、初めてなのに、女性の方が積極的に動くというのが、当時の女子大生としては、やはり恥ずかしかったようで、そんな恥じらう様子が、また、いいのです。

「嫌だわ、私、こんなことする子じゃないのよ、本当は……」

「わかってるさ、こんな夜だからね」

「そうね、こんな夜だから……」

ぴちゃ、ぴちゃ……と、粘膜が触れ合って、私達はあっと言う間にクライマックスを迎えようとしていました。

「澄江……」

「山本君……」

「すみ……え……」

彼女が腰を大きく持ち上げて、そしてストン……と落とすと、その時私の中から精液が噴水のようにドピュ……と飛び出しました。

「ああ……ああ……」

「素敵よ……山本君……」

私達はそうして抱き合ったまま、ずっと長い間そのままでいました。

そして……二人で手に手を取って、バリケードから逃げ出してしまったのです。

今から考えれば、よく腰が立ったものです……。

●どれだけの時間がたっても「肉体の記憶」は消し去ることが出来ないのですね

その頃の私は、心も体も間違いなく「団地妻」でした

【投稿者】木嶋礼子（仮名）／72歳（投稿当時）／専業主婦

今から30年ほど前に流行した「団地妻」という言葉を耳にすると、本当にドッキリした……そんな思い出がございます。なぜって……私も、そんな「満たされない」団地妻の一人だったのですから。

昭和30年代から40年代にかけて、「団地」は憧れの的でした。明るく使いやすいお台所、清潔なお風呂やトイレ、そしてサラリーマンの旦那様に、元気な子供達。私も、結婚して、運良く公団住宅の抽選に当たり、団地暮らしが始まった時は、本当に嬉しかったものです。

でも、子供たちが小さい頃はよかったのですが、だんだん大きくなって手がかからなくなってくると、なんだか日々の生活が空しく感じられるようになってきて……。子供たちは自分の世界を作って、友達どうしで過ごす時間が長くなっていきます。

一方、主人といえば、ちょうど仕事盛りといいますか、会社での地位が上がり、責任

も重くなる頃で、家に帰るのは日付が変わってからがほとんどという毎日。お恥ずかしい話ですが、夫婦の営みも、ほとんどなくなってしまっていたような状態でした。

そちら方面の事は……私、人と比べて並外れて欲望が強い、というほどではないと思います。いいえ、もちろん、夫に限らず、男性とそういう事態になれば、それなりに肉の喜びを謳歌することはできると思います。ただ、それがなければ夜も日も明けないというほどではないと申しますか。それに溺れて、人生を踏み外すことなど、あり得ないと思っていたのです。

主人と結婚したのは、見合いではなく、一応、恋愛でした。会社の同僚としての出会いでしたから、その仕事がどんなに大変なものかはわかっています。別に、主人が飲み歩いているとか、他に女の人がいるとか……ということではないことも、重々承知しているつもりでした。

でも、体は……主人を、というよりは、男性を求めていたのです。その頃の雑誌か何かで目にした言葉だと思いますが「疼く」という文字を見て、私、とてもドッキリさせられたのです。自分の、なんとなく満たされない状況が、その「疼く」という言葉に、あまりにもピッタリし過ぎるように思えて。

もう一つ、恥ずかしい話をさせてください……。その頃の話ですから、私、結婚するまで「処女」でした。結婚した男女が、どのようなことをするのか、そういう最低限の知識は何となく持っていました。ただ、やはり、いくらかの恐怖感があったことも事実です。やはり最初の夜はとても緊張しました。新婚旅行先の、熱海の宿でした。

ただ、終わった後の感想は「こんなものなのか……」といったところ。自分がメチャクチャにされてしまうのでは、という恐怖感に震えていた身としては、あまりにもあっさりとしていて、若干、拍子抜けしたような感じがあったのも確かなのです。

そういう意味では、私……やっぱり、男女の交わりが「好き」なのかもしれませんね。その頃主人は、判で押したように、夜、寝床に入ると私を求めてきました。主人のアレは取り立てて大きい物ではなかったと思うのですが、暗闇の中で押しつけられ、そして私の手で握り締める時、いつも「どうしてこんなに大きいのかしら」と、しみじみ感じたことを今でも覚えています。

年齢を重ねる毎に、私はそれを楽しむことができるようになっていきました。最初の頃は恥ずかしくて仕方がなかった、自分から大きく脚を広げる行為や、主人の目の前に一番恥ずかしいところを見せつける行為などに、歓びを覚えるようになっていたのです。

もちろん、そういう時は、主人も興奮して、私を思い切り、荒々しく愛撫してくれたものです。私は、女に生まれた歓びをしみじみと感じることが出来ました。

ところが、私の方は、それを楽しむ余裕が、肉体的にも、精神的にも出来ていったのにも関わらず、主人の方は、お話したように仕事の忙しさが主な原因で、私から少しずつ遠ざかっていきました。子供たちが思春期を迎え、決して広いとはいえない団地の部屋の中で、行為に及ぶことが難しくなってきたという事情もありました。

でも、昼間、一人取り残される私の方は……正直、淋しくて、淋しくて、仕方がなかったのが事実です。掃除も洗濯もすべて終えてしまった昼下がり、溜息をつきながら時間が過ぎるのを待っているだけ。そんな時、気がつくと、自分の指が股間に伸びていて、恐ろしさのあまり震えてしまったことも、一度や二度ではありませんでした。当時、自分で自分を慰める……そんな行為には、きっと誰もが罪悪感を持っていたはずです。

そんな時、出会ったのが、Uさんでした。私達の団地は、敷地の中に、五階建ての建物が十棟ほど並んで建っている、その頃としては小規模な団地でした。私はその3号棟、Uさんは5号棟の住人でした。

Uさんの家は、当時としては珍しく「共稼ぎ」で、奥さんも働きに出ていました。ところが、Uさんは病気で会社を長い間休まれていたのです。私達が出会った頃、彼はもう病気はすっかりよくなっていたのですが、会社の都合で復帰が伸び、何もせず昼間、ブラブラしているような、そんな時期でした。

私が淋しい、淋しいと思いつつも、何もできず悶々としていたある午後、玄関のブザーが鳴りました。出てみると、そこに立っていたのがUさんでした。

「こんにちは、5号棟のUと申します…」

「はい?」

それまでも、すれ違ったり、遠目に見たりしたことはありましたが、この時、改めて姿を拝見して……ああ、今、こうして思い出すだけでも、体の芯が熱くなってくるのが分かります。もうとっくに現役の「女」ではなくなっている私が、こんなにも熱い思いを覚えるなんて……。今、思い返しても素敵な方でいらっしゃることがしみじみとわかりました。

当時としては、かなり高い身長、今の言い方で175センチほどでしょう。ご病気をされていたからか、どちらかといえば痩せぎすな感じなのですが、眼鏡の奥の目がなんとも優しく、そしてやや低めの声が……こんな言葉を使うのは、とても恥ずかしいのですが。「セクシイ」としか言い様のない、そんな方でした。

いい大人をつかまえて「天使のような」と形容するのは、あまりにも失礼でしょうか。でも、誰も来ない、どこからも電話のかかってこない、午後のけだるい部屋の中で空虚な時間を過ごしていた私にとっては、まるで天使が突然やって来たかのような、そんな感覚を思い起こさせる方だったのです。

「あの、何か……」

「下の広場で子供たちと野球してたんですけど、つい勢い余って、僕の投げたボールがお宅に飛び込んでしまって。申し訳ありませんが、ベランダを見て頂けませんか」

投げたボールが！

私、その言葉を聞いた途端に、思わず笑い出してしまいました。

「ボール、ですか…アハハ…」

「そうなんですよ…へへへ」

　悪戯っ子のような表情が、たまらなくキュートなUさん。私は、ちょっと待ってくださいね……と、彼を玄関に待たせ、ベランダを探してみましたが、なかなか見当りません。下の広場では、子供たちが不安げにこちらを見上げています。私はためらうことなく、Uさんをこちらに呼びました。

「すみません。見当たらないんですけど、よかったら一緒に探してくださいません？」

「お邪魔して構いませんか？」

「どうぞ、どうぞ……散らかってますけど、お気になさらないで」

　Uさんは恐縮した様子で、ベランダまで歩いてきました。

「あの……どのあたりでしょうか」

「この植木鉢の陰当たりです」

「あ……こっち側ですか」

　そんなやりとりをしている間に……私、感じてしまったんです。Uさんの視線を。まだその時代ですから、今に比べれば大した露出ではありませんが、彼、私が屈んだ時にほんの一瞬見えた「胸の谷間」に、思わず引きつけられていたようで……。

それがわかった時、普段の私でしたら、おそらくその視線をそらせようとして、すぐに立ち上がっていたことでしょう。でも、その時の私は、そうすることなく、谷間の光景を彼の目に晒したままにしていました。何が私をそうさせたのか……。そして、その時、Uさんが何を感じ取ったのか……。

おそらくほんの10秒、いえ、5秒ほどの出来事だったように思います。でも、その僅かな時間の間に、その後、3ヶ月ほど続くことになった私たちの「関係」が築かれたことも確かなのです。

「あ、あったわ！」

本当は何秒も前に見つけていたボールを、私はわざとゆっくり発見し、もう一度谷間がくっきり見えるように下を向いてから、それを拾い上げました。

「ありがとうございます」

Uさんは、私の目をしっかりのぞき込みながらそう言うと、ベランダの下で待ち構える子供たちに向かってボールを掲げ「あったぞー！」と大声をあげました。下からは子供たちの大きな歓声が響いてきます。

「行くよ！」

彼はベランダからそのボールを投げ、下では子供が右往左往しながらそれをキャッチ。私達は室内に戻りました。

この人は、もうすぐに帰ってしまうのだろう。でも、帰って欲しくない。でも私にはどうすることもできない。どうすればいいんだろう？

そんな思いにかられて後ろを振り向くと、彼が答えをくれました。

「淋しいんでしょう？」

その言葉を聞いた瞬間、私の目に涙が溢れ、私はわっ！　と泣き出してしまい、そして無意識のうちに彼の腕の中に体を投げ出していました。泣いて、泣いて……。気がつくと、私は、彼としっかり唇を合わせていました。彼のザラっとした舌が私の唇を割って、中に入り込んで来て……。夫とは決して経験したことのない、未知の快感と、自分のしていることの恐ろしさとの狭間で、私はどうしたらいいのか、わからなくなっていました。

そして……彼が私のスカートをまくり上げ、その中に指を滑り込ませてきたのです。私はまだ、ここで引き返すこともできたはず……。でも、私はそうしなかった。なぜでしょう。それは今でもわかりません。でも、一つだけ言えるのは、私はその後、決して後悔していないという事です。

彼は私をきつく抱き締めながら言いました。

「僕も淋しいんです。似た者同士ですね」

この人は嘘をついていない。この人も淋しいんだ……。私にはそれがよくわかったのです。私の太腿には、溶鉱炉から出てきたばかりの鉄のような熱い塊がぐいっと押しつけられています。私は……それを一刻も早く、私の中に入れて欲しい……そう思いました。

彼は、ダイニングキッチンから続いている、家具の置かれた狭い六畳間の畳の上に私を押し倒し、そして私の服を乱暴に剥いでいきました。恥ずかしいという感覚はいつの間にか消え失せていて、とにかく私は乱暴にされたかった。乱暴にされることで、夫への罪の気持ちが薄れるように思ったのです。

裸の背中に、畳が食い込んで、ほんの少し、痛みを感じます。でも……彼は私に、自分の体重をかけないように苦心しながら、私の脚を開かせ、中へと……ああ、今、こうして思い出しても、あの彼に初めて貫かれた時の甘美な記憶が甦ってきます。

「あ……」

子供が突然、帰ってきたらどうしよう。夫が急病になって、今ドアを開けて入ってきたらどうしよう。そんなことが、ふと、頭をよぎります。でも、もう、そんなことは、どうでもよくなっていました。彼が淋しさを埋めようとして、必死に腰を動かし、私も同じ気持ちで、それに応えようと腰を動かします。畳がギシギシと音を立て、そして私の体のどこかからは「ぬぷ、ぬぷ……」という湿った音が聞こえてきます。彼が一回動くごとに、私の体の奥の方から、これまで経験したことのない、極上の快感が湧き上がってくるのです。

肉の交わりという行為には、きっとこんな素晴らしい感覚がついて回るのだと、以前から漠然とは思っていました。でも、夫との営みでは、決して味わうことがなかったのです。そんな処女の頃の性への憧れは、日常生活の中で、いつしか忘れ去っていたように思います。ところが、ほとんど初対面に近い、この男性との行為は、そんなすっかり忘れていた「未知の喜び」を、手品のように簡単に取り出して、私に味合わせてくれたのです。

「ああ、ああ……」

私はそのことを彼に伝えようと、言葉を頭の中で必死に紡ごうとしました。でも、後から後から押し寄せてくる快感が、そんな小賢しい行為をあざ笑うかのように、言葉を打ち消していくのです。私の口から洩れてくるのは、ただただ快感の喘ぎばかりでした。

「素敵だよ……君は綺麗だ……」

「ああ……」

「ああ……いきそうだ……」

ぐい、ともう一度きつく抱き締められ、そして彼が私の中で果てたのが分かりました。それでもこみ上げてくる快感は、さらに強くなるばかりでした。彼が私から離れた後も、私は淋しさを埋めることが出来た喜びに、ひくひくと体を震わせることしかできないでいました。

その日を境に、私達は時間さえあれば、互いの家を行き来するようになりました。とはいっても、同じ団地の中ですから、どうしても人目を気にしながらということになります。誰かに見とがめられたらどうしよう。そんなドキドキする気持ちが、ほんの短い逢瀬の快感を、より高めてくれるのです。そして、いつかは、この関係にも終わりが来ることも予感していました。

そして、最後の時は、意外に早く訪れました。最初に彼がボールを取りに来てから、3ヶ月ほどだったでしょうか……。それでも私達、その間に、少なくとも……いえ、数えるのはやめておきましょう。あんなこともあった。こんなこともあった。それを思い出すだけで、また体が火照ってきてしまいますから……。

私はその日、彼の部屋……正確に言えば、彼と彼の奥様が住む部屋に出かけていきました。念には念を入れ、気をつけていたつもりだったのですが、その部屋に入ろうとする、正にその時、団地の中でも一番のやかましい奥さんに、見とがめられてしまったのです。

「あら……宮嶋さんの奥さん」

「あ……こ、こんにちは。ちょっと、お醤油を借りたものですから……」

どう考えても、3号棟の人間が、5号棟の、それも昼間は男性しかいない家に醤油を借りるというのは妙な話でした。嘘をついているのは、火を見るよりも明らかです。その奥さんも、怪しい目で私をジロジロと見回しながら「大変ねえ、こんな遠くまで」と皮肉のように言って、そして階段を降りていきました。

もう一度用心深く、左右を見回してから私は部屋の中に入りました。そして、待ち構える彼の腕の中に飛び込むと、その場にひざまずいて、彼のズボンを脱がせ、もうすっかり上を向いている彼のモノを口の中に収めました。3ヶ月ほどの間に、私は彼に様々なことを教えられ、すっかり性に目覚め、もうどんな恥ずかしい行為でもためらわずにできるようになっていたのです。それでも、これまで、会うなり何も言わずこんな行為に走ったことはなかったので、彼は少々驚きながらも、私の行為を喜んでくれました。

私は、気が触れたかのように、彼のものを咥えながら、頭を前後に激しく揺さぶりました。その先端から、少しずつ、液体が流れ始めて、そして「うっ……」という溜息と共に暖かな精液が口の中に溢れて……。

「どうしたの?」

彼の問いに、私は涙を流しながら答えました。

「○○さんに、この部屋に入るところを見られて、声をかけられたの。もう今日のうちには、あなたの奥さんの耳に入るわ。だから」

「だから?」

「ねえ、私達、もう終わりよ。今日で終わりなのよ」

昭和の男は、本当に潔く、こんなとき、取り乱したりしないものでした。彼はきつく私を抱き締めて……そして、二人の最後の、そしてこれまでになかったほど激しい行為が始まったのです。

彼は私の体を開き、そして、私のその部分が摺りきれてしまうほど、激しく、激しく、愛し始めました……。

●「嫁にバレたらどうしよう」そんな不安が、義母と私を燃え上がらせるのです

妖艶な肉体の姑と、妻の実家で連日の秘密愛欲時間！

【投稿者】近藤　隆（仮名）／29歳／会社員

「結婚したら、どうするつもりなの？」

僕が義理の母である朋美さんと初めて会ったとき、彼女が最初に口にしたのがこのセリフでした。僕は緊張のあまり、何を聞かれているのか分からず……。

「あの、そ、それは……毎晩、……のつもりでいますけれど」

とんちんかんなことを答えてしまいました。朋美さんはゲラゲラ笑い出すし、婚約者の理恵はうつむいて顔を真っ赤にしているし。

「そりゃ、好きなだけやるといいわ。私が聞いてるのは、セックスの話じゃなくて、住むところ。家は、どうするつもりなの？　って話よ」

「は、は、はあ……」

「もう、隆ったら、バカ……」

理恵に力いっぱい、つねられてしまいました。あの頃は、そんなつまらないことで

も一つ一つがうれしかったものですが……。

「決めたの、部屋は」

「いいえ、まだそういうことは、これから、おいおい……」

「じゃあ、家にいらっしゃいよ。あんたもその方が楽でいいでしょ、理恵」

「え？　お母さん、で、でも……」

「いいわよ。お父さん出てっちゃって、あの広い家。もったいないわよ。あれだけスペースあるんだし。もちろん家賃なんかいらないわよ。とりあえず、いらっしゃい。隆さん、私のタイプだし」

「嫌だ、お母さん……」

理恵はあまり気が進まないようでしたが、僕は乗り気でした。僕は専門学校を出て、コンピュータソフトウエアの会社で働き始めてはいましたが、まだまだ給料は雀の涙。二人で住むのなら、それなりの広さのある部屋を選ばなくてはなりませんが、僕の収入ではかなり重荷です。正直言ってありがたい話でした。

義理の母、朋美さんは18で理恵を産んでいるのでまだ38歳。とはいっても、黒木●

を思わせるようなタイプの美人で、とてもその年には見えません。せいぜい、30になったか、ならないか……というくらい。

義理の父にあたる人が、浮気の末、慰謝料代わりに家を母の名義にして出て行ってしまったため、2階建てで7部屋もあるその家は、母と娘の二人暮らしになっていたのです。


それから半年後、僕らはめでたく結婚式を挙げ、僕は一人暮らしのアパートから、妻と義理の母が暮らす家へと引っ越しました。新婚旅行も無事終わり、なんとなく生活が落ち着いてきた、夏のある夜のこと……。

その日、妻の理恵は、地方で小学校の頃からの友達の結婚式に出席することになり、夜は僕と朋美さんの二人きりという状況でした。とは言っても、朋美さんも友達と食事をして帰ってくるということだったので、実質的には一人。もちろん妻がいないのは淋しいことでしたが、久しぶりに一人で過ごす夜というのも新鮮で、なんとなく羽根を伸ばしていました。

(そろそろ、風呂にでも入るか……)

一人の気楽さで、部屋で服を脱ぎ、素っ裸で浴室へ。鼻歌を歌いながら、のんびり風呂につかっていたら、いきなり浴室のドアが開いたのです。

「あら、失礼……」

朋美さんは、友達が急用ができて早く帰らなければならなくなったため、予定よりずっと早く家に戻ってきたのでした。暑い夜だったため、とりあえずシャワーを浴びようと、浴室に駆け込んできたのです。

「イヤだわ、ちゃんとここで服を脱いでくれなくちゃ」

「す、すいません、すぐ出ますから」

「いいのよ、のんびりしてちょうだい」

僕が彼女の裸身を見ることができたのは、ほんの一瞬でした。それでも、豊かな胸の曲線はまったく崩れておらず、それは本当に見事な眺めだったのです。どちらかといえば、理恵は結構貧乳のほうなので、ちょっと母娘とは信じられないようなプロポーションでした。

（すげえ……）

僕は湯船につかっていたにも関わらず、ギンギンに勃起してしまいました……。あんでした。
の朋美さんの裸身がいつまでもちらついて、なかなか風呂から上がることができませ
「お義母さん……出ましたから、どうぞ」
「ありがとう。さっきは、ごめんなさいね」
声をかけて、部屋に戻ります。結婚してそろそろ3ヶ月、だんだん毎晩のセックス
にも飽きが来始めていたところへ、あの見事なボディをナマで見てしまって……。
ベッドに仰向けになって、なんとなくペニスに手を伸ばして……。いけない、こんな
ことしてちゃ……と、テレビの野球中継を見ることにしました。ようやくゲームが白
熱してきて、なんとなく朋美さんのことを忘れ掛けたところへ、僕はまた彼女から呼
ばれたのです。
「隆さん……何してるの」
「あ、いえ……野球見てたんですけど」
「よかったら、こっちに来ない？　一緒にビールでも、飲みましょうよ」
こうなっては、嫌も応もありません。僕はTシャツに短パンというラフなスタイル
で、階下の食堂へと降りていきました。

「さあさあ、早く早く。実は私ね、一度あなたと二人きりで、理恵抜きで飲んでみたかったのよ」

僕がのれんをくぐって食堂に入ると、朋美さんはうれしそうに冷蔵庫へビールを取りに行ったのですが、驚いたことに、白いスリップ一枚に頭にタオルを巻いただけ。湯上がりの桃色に染まった地肌が透けて見える刺激的なスタイルで、僕はもうどうしていいのかわからなくなってしまいました。

「ごめんなさいね、こんな格好で。でもいいでしょ、親子なんだし」

「は……はあ……」

まあどうぞ……とビールをコップに注いでくれたのですが、注ぐときにちょっとうつむき加減になると、その豊かな胸の先端の、ぽっちりとした乳輪が見え隠れしてしまって……。

「嫌ね、どこ見てるの」

「す、すみません……」

「見たかったらちゃんと見せてあげるわよ。そんな覗き見しなくても……」

「い、いえ、そんな、滅相もない……」

「あら、見たくないの」

「え？　いえ、そ、それは……」

「見たいんでしょ。それならそうおっしゃいな。理恵にはナイショにしといてあげるわ。どうなの？」

「はい。み、見たいです」

「素直に言いなさいよ。いい子ね」

　そう言うと、おもむろに朋美さんは、左の肩ひもを外して、左のバストをペロリ……と露出させました。さっき風呂場で見た時の印象よりも、さらにひと回り以上は大きい感じです。38歳とは思えない肌の張りで、そこだけ年齢を感じさせる焦げ茶色の乳首は、それでもツンと上を向いています。正直、これで興奮しない男はいないのではないでしょうか。

「ふふふ、今度は、こっちね」

　両側の肩ひもを外すと、にっこり笑って僕の顔を見て、それから股間へと視線を移してきました。

「嬉しいわ、大きくなってくれて」

「あ、あの……」

「野暮なことは言いっこなし。今夜は二人で楽しくやりましょう。どうなの、理恵とのセックスは。あの子、あんまり面白くないでしょう。父親に似たのよ」

「は、はあ……」

「胸だって、あっちの系統だから、全然ないでしょ。隆さん、かわいそうに……私に似ればまだ、よかったのにね」

　僕は、椅子に座ったまま、予想もしない展開に度胆を抜かれていました。

　朋美さんはそう言うと、僕の目の前にひざまずくようにして、僕の短パンとトランクスを優しく取り去ると、いきり勃った僕のペニスを、舌先でチロチロ……。瞬間、僕の背中には電流が流れて、甘い感覚が身体中を駆け抜けていきました。

「あの子ったら、こんなこと、絶対しやしないでしょ」

「こんなこともできないでしょ」

　朋美さんはそのまま伸び上がると、大きな二つの胸の谷間に僕のペニスをぎゅっ……と挟み込むと、両手で万力のようにぐい、ぐいと刺激してきました。生まれて初めて味わう感覚に、僕は天にも昇る気持ち。

「お義母さん……す、すごいです」

「嫌だわ、やめて、お義母さんなんて。私まだそんな年じゃないのよ。朋美って、呼び捨てにしていいのよ」

「そんな……と、朋美……さん」

「さんづけは禁止。じゃないと、こうしちゃうわ」

朋美さんは大きな胸でぎゅーっと僕のペニスを刺激しながら、そこから突き出た亀頭を口で咥え、尿道口のあたりを舌でペロペロと舐め回します。僕は何が何だかわからなくなってしまって、瞬間的に暴発してしまったのです。

「あ、い、イク……」

朋美さんは僕から発射された液体をごくりと飲み干し、にっこり笑って……。

「呼び捨てにしてね。夜はまだ、たっぷり長いんだから」

この家に暮らし始めて3ヶ月、朋美さんの寝室に入るのはこれが初めてでした。大きなダブルベッドがイヤでも目に入ります。

「ヘンでしょ、一人暮らしなのにこんなに大きなベッドで。でも、捨てるのもなんだか妙だし、それに寝心地がいいのよ、とっても。ちょっと寝てご覧なさい」

彼女は全裸になって、仰向けにベッドに倒れ込みました。僕はわざと、マットレスではなく、彼女の豊かな胸の上に、背中を投げ出しました。

「本当だ、とても寝心地がいいですね」

「ヤダバカ、スケベね、あなたって……でも気持ちいいわ、あなたの背中が私の胸にあたって」

「僕も……また大きくなってきちゃった」

「ホントに？　ヤだわ、だから若い人って……別れた旦那もこんなだった」

「久しぶりなんですか、男」

「そうね……5年ぶりぐらいかな」

「ウソでしょ」

「ウソじゃないわ。最近、付き合ってる男もいないし」

「ウソだ。だって、そんな、してない人が、こんなに濡れてる訳がない」

「バカ……」

僕は一心不乱に、朋美さんの股間に舌を押し込みました。ザラザラとした陰毛をかき分けると、その奥にはちょっぴり苦みがかった酸味の、ドロドロに熟した果実が僕を待ち受けていました。僕はそのすべてを味わおうと舌で舐めまくり、そして唇を上下に動かして彼女に喜んでもらおうと必死でした。

「ああ、いいわ……こんなの……理恵にはもったいないくらいよ」

「朋美……朋美……」

「うれしい、呼び捨てにしてくれて……あぁ、そこ、そこよぉ……」

彼女は僕の頭をつかんで、自分の一番感じるところ目がけてグイ、グイ……と押しつけてきました。僕は歯が彼女の大切な部分を傷つけないように、注意深く、その感触を楽しみました。軟らかいけれど、がっしりとした質感があって……息が苦しくなるのだけはつらかった……それでも、後から後から彼女の壺から溢れ出てくる蜜で、僕の顔はびしょ濡れになってしまいました。

気がつくと、僕の頭はベッドの枕のあたりにあって、相変わらず僕は彼女のマ〇コを味わってはいるのですが、いつのまにか頭は僕の股間の方に移動していて、ぱくり……と、彼女の口が僕のペニスをつかまえました。

「あ……」

「いいわ、素敵、たっぷり、してあげる」

シックスナイン……そんな前戯なんて、結婚前には何度か経験したことはありましたが、この家に暮らすようになってから、彼女とこうして愛し合ったことは一度もありませんでした。妻の理恵は、もともと、クンニリングスがあまり好きではなさそうなのです。それだけに、母親である朋美さんが、口を使ったセックスに長けているのにはちょっと驚かされました。

「ねえ、入れていい？」

「お願いします……」

僕は仰向けになったまま、朋美さんは嬉しそうにほほえみながら、僕の股間目がけて少しずつ腰を下ろしていきました。甘い果実の襞が、僕のペニスを包み込み、ぴったり貼りついたかと思うと、次の瞬間、上下左右に激しく揺さぶられました。僕は、その動きについていくので精一杯。とめどなく溢れてくる快感を受け止めることしかできません。

「ああ、いいわ、凄い、隆……」

「最高だよ、朋美……」

くちゅちゅ、くちゅちゅ……と、粘膜が擦れて音を立て、それとリズムを合わせて彼女のバストが上下に揺れる眺めは、この世のモノとは思えません。

「これが……本当の……セックス？」

「ふふふ……そうね。まだ、入り口に手をかけたくらいかな」

「ねえ、上になってもいい？」

「そろそろイキたいの？」

「うん……」

彼女は僕の上から降りると、ベッドの上に仰向けになり、脚を閉じました。

「開いてくれないの」

「それは男が開くものなのよ」

僕は堅く閉じたヒザを割ろうと必死になり、力を込めれば込めるほど、股間に流れ込む血液の量は増えていき……。彼女の抵抗を打ち破ると、また閉じられない前に、僕は腰を前に進め、奥まで一気に貫きました。

「あ……凄い……イイわぁ……突いて、もっと！」

もう何も考えることはありません。僕はサーフィンで海に投げ出され、水の中で前後左右がわからなくなってしまった時のような感覚を味わいながら、にちゃにちゃした膣をかき混ぜるように腰を動かし、そして浮き輪を探すようにして彼女のバストをつかみ、最後の大きな波がやってくるのを待ちました。

「いく、いく……」

「いいわ、私も……ああ、たまんない」

最後の一滴まで、精液を絞り出すように僕は彼女を突き、そして果てました。

それから僕は、妻が外出すると、待ちかねたように義母の部屋を訪れるのが習慣のようになってしまっています。きっと、いつか妻にこのことがバレてしまうかもしれない……そう思うと、僕たち二人はまた燃えてしまうのです。

不倫手記
肉棒懇願妻の愛液洪水告白

２０２２年８月２９日　初版第一刷発行

発行人　後藤明信
発行所　株式会社　竹書房
〒102-0075　東京都千代田区三番町8-1
三番町東急ビル6Ｆ
Email: info@takeshobo.co.jp
ホームページ：http://www.takeshobo.co.jp
印刷所　中央精版印刷株式会社
デザイン　森川太郎
本文組版　有限会社　マガジンオフィス